LE RETOUR DU BONHEUR

DU MÊME AUTEUR

Un été sans histoire, Mercure de France, 1973. Folio, 958.
Je m'amuse et je t'aime, Gallimard, 1974.
Grands cris dans la nuit du couple, Gallimard, 1976. Folio, 1359.
La Jalousie, Fayard, 1977. Idées Gallimard, 0505.
Une femme en exil, Grasset, 1979.
Divine Passion, Grasset, 1981.
Envoyez la petite musique..., Grasset, 1984. Le Livre de Poche, Biblio/essais, 4079.
Un flingue sous les roses, Gallimard, 1985.
La Maison de jade, Grasset, 1986. Le Livre de Poche, 6441.
Adieu l'amour, Fayard, 1987. Le Livre de Poche, 6523.
Une saison de feuilles, Fayard, 1988. Le Livre de Poche, 6663.
Douleur d'août, Grasset, 1988. Le Livre de Poche, 6792.
Quelques pas sur la terre, Gallimard, 1989.
La Chair de la Robe, Fayard, 1989.
Si aimée, si seule, Fayard, 1990. (A paraître dans Le Livre de Poche fin 1991.)

Madeleine Chapsal

LE RETOUR DU BONHEUR

Fayard

A Sigmund, Maud, Christian, Serge, Françoise, et quelques autres.

La psychanalyse appartient à tout le monde, pas seulement à une élite. La cure psychanalytique s'adresse aux gens les plus près de la terre. Ce sont eux qui vivent perpétuellement plongés dans la répétition de drames qui n'arrivent pas à être dits.

Ce sont ceux que j'ai guéris ou que je n'ai pas réussi à guérir qui témoignent pour les autres.

Françoise Dolto.

1

Quand on me pose directement la question et parce que mentir serait trahir ce qu'il y a de plus important en moi et pour moi, je n'hésite pas à répondre : « Oui, j'ai fait une psychanalyse.

— Et cela a duré longtemps ?

— Plus de dix ans... Il m'arrive aussi de recommencer. »

Je vois alors vaciller le regard de mon interlocuteur.

Pour retrouver un terrain ferme, démontrer que si moi je suis « folle », lui du moins ne l'est pas puisqu'il garde le sens de l'essentiel, c'est-à-dire de l'argent, il ne manque pas d'ajouter :

— Et cela vous a coûté cher ?

Je réponds : « C'est le meilleur placement que j'ai jamais fait ! » D'abord parce que c'est vrai, ensuite parce que au point où nous en sommes de la conversation, c'est la seule façon de rassurer mon vis-à-vis — tout va bien puisque ça « rapporte » — et aussi de me justifier.

Je me trouve, en effet, en position d'« accusée ».

Comment, vous, une femme intelligente, on pensait que vous l'aviez montré, de bon sens, on le croyait jusque-là, cultivée, bien entourée, vous avez eu recours à des pratiques réservées à ceux ou celles qui ne sont pas capables de s'en tirer tout seuls ? Des esprits démunis, flageolants, des personnalités molles ?

Si on ne me lance pas aussi directement l'accusation à la figure, les propos qui s'ensuivent révèlent que c'est bien ce cours-là que suit la pensée de mon interlocuteur :

— Vous savez, moi, je m'analyse très bien tout seul ! Je n'ai pas besoin d'un psychanalyste...

Je souris aimablement. « Tout le monde n'a pas besoin d'une analyse, heureusement. La plupart des gens s'en passent parfaitement. »

Il suffit que je dise ça, qui consiste, croit-on, à fermer la porte d'un domaine mystérieux au nez de l'autre, pour que le désir d'en savoir plus long s'exaspère ! Pourquoi pas eux ? Pourquoi aurais-je accès à un savoir qui leur est refusé ?

Cela leur paraît d'autant moins justifié qu'ils se considèrent, du seul fait qu'ils n'ont jamais eu recours à l'analyse, comme plus courageux que moi ! Eux se sortent tout seuls de leurs problèmes, en ne comptant que sur leurs propres forces, contrairement à moi, pauvre « malade » !

Alors, d'où vient que je prends des airs supérieurs ? Comme si j'étais affiliée à on ne sait quelle maffia, membre d'une sorte de Ku Klux Klan obscurantiste qui ose, en plus, exclure les autres ?

A ce point de la conversation, ça n'est plus à moi qu'on s'adresse, mais à soi-même. Chacun profite de l'occasion pour faire tout haut un « point » sur ce qu'il pense de la psychanalyse, où il en est par rapport à sa peur.

Nous avons tous peur de la vie, de la mort et surtout de nous-même — donc de la psychanalyse qui nous oblige à nous y confronter. Du seul fait de son existence. Même si l'on n'a et n'aura jamais recours à elle. Même si l'on ricane rien qu'à son nom et la vilipende de toute son intelligence et de toutes ses forces.

Depuis Sigmund Freud et l'ouvrage qui a révélé son génie, *la Science des rêves* (qu'il attendit d'ailleurs le premier mois de l'année 1900 pour publier afin de bien marquer qu'on entrait dans une ère nouvelle, révolutionnaire), l'inconscient a pris place dans nos sociétés. Nous savons désormais que le centre de notre être n'est plus dans ce que nous pensons mais dans ce que nous ne pensons pas ; nous sommes excentrés par rapport à ce que pouvaient être nos prédécesseurs, aucun homme ne peut plus proclamer : « Je suis maître de moi comme de l'univers. »

Et si tous ne le reconnaissent pas, tous le savent.

La remise en question, telle est désormais la loi des hommes et des femmes qui se veulent libres. Fût-ce au prix de la retraversée de la douleur originelle qui gît au fond de nous, pour, cette fois, y renoncer.

Mais renoncer à sa douleur, issue de la culpabilité qui accompagne toute venue au monde, et qu'entretiennent depuis des siècles la religion et sa sœur, l'idéologie, ne se fait pas sans un long, dur et difficile travail.

Qui parfois échoue.

2

Ce jour-là, je ne peux pas dire que je me sois sentie très différente des autres jours. Au fait, comment est-ce que je me « sentais » ? L'une des choses les plus étranges de l'existence, c'est que nous sommes tellement habitués, depuis des années, parfois des décennies, à porter un poids invisible, innommé, à subir l'angoisse, parfois la honte, et même carrément la souffrance qu'à vrai dire nous ne nous en apercevons plus.

Et si pour une raison quelconque notre corps nous laisse momentanément tranquille, si nous nous trouvons dans cet état que Françoise Dolto appelle « le silence des organes », la santé physique, sans chagrin obsédant, à ceux qui nous demandent : « Comment ça va ? », nous répondons, sincèrement : « Très bien. »

Oui, en ce jour de septembre 1967, si quelqu'un de connaissance m'avait croisée tandis que je descendais l'avenue Marceau en direction de la station de métro de la place de l'Alma et qu'il m'avait demandé de mes nouvelles, après avoir souri — reste que je ne pouvais pas voir mon propre sourire, sans doute crispé — j'aurais répondu : « Très bien. »

Quelques minutes plus tard, j'étais prise d'une monstrueuse, quasiment irrésistible envie de me jeter sous la rame de métro qui entrait en gare !

A la terreur se joignit un intense sentiment de surprise : qu'est-ce qui m'arrivait à moi qui dans l'ensemble, depuis plus de trente ans que j'étais née, me contrôlais si bien ? Oui, j'étais quelqu'un qui ne laissait pas voir ses sentiments. Une femme qui ne révélait presque rien d'elle-même. Ce qu'on nomme une personne secrète, assez mystérieuse, il arrivait même qu'on me taxe d'« énigmatique », ce qui me flattait, bien entendu, et me paraissait ajouter à ma séduction. Car je me croyais séduisante. En tous les cas je désirais l'être.

Ainsi cette femme séduisante, qui avait pris soin de soigner sa toilette et prenait le métro dans le but de la parfaire encore — j'envisageais une course dans les grands magasins —, éprouvait, comme ça, comme n'importe quelle désespérée, le désir de se jeter sous le train ?

Sans raison, car je n'en voyais aucune de « particulière ». C'était ça le plus effrayant.

Ce flot de sentiments m'assaillit en quelques secondes, alors que le convoi se rapprochait en grondant dans le tunnel et la pensée qui surnagea était que j'aurais voulu avoir une paire de menottes pour me ligoter moi-même à l'un des bancs de fonte alignés contre le fond du quai. Afin de me retenir, au cas où la force qui me poussait à me jeter sur les rails prendrait tout à fait le dessus sur moi.

En fait, et je ne m'en rends bien compte qu'aujourd'hui où pour la première fois j'écris cette histoire, ce besoin de m'enchaîner était une force de survie.

Si toute une partie de ma personne en avait « marre », ne voulait plus continuer, se détestait en tant qu'être vivant, ne voyait aucun recours dans le restant de l'humanité, jugeait totalement sans intérêt son existence à venir, une autre luttait pied à pied pour demeurer en vie.

Cherchait même à « arrêter » la première, car avoir en tête l'idée de menottes, un instrument de contention qui, on s'en doute, ne m'était guère familier, que je n'avais même jamais vu de près, que je n'aurais pas su où me procurer, c'était bien me mettre dans la position du gendarme et du voleur. Je me retrouvais divisée en deux parties bien distinctes : celle qui est du côté de la loi, et l'autre, la révoltée, la marginale, la meurtrière, qui agit comme une menace d'anéantissement pour l'être tout entier.

S'il était besoin d'une illustration de ce qu'on nomme le « clivage du sujet », je l'incarnais là, sur mon quai de métro.

Ce fut le gendarme, en fait la pulsion de vie, qui l'emporta.

Après avoir envisagé de sauter par-dessus le banc pour me dissimuler derrière lui, le temps que passe la rame, je pris le parti de m'y asseoir, de détourner la tête, de fermer les yeux et de m'accrocher de mes deux mains aux barreaux. Les sièges, à l'époque, en comportaient encore.

Oui, je ne sais pas vraiment pourquoi — mais si je m'interroge je suis désormais suffisamment « calée » sur moi-même pour trouver une réponse — le gendarme fut le plus fort. Je restais assise et le métro passa.

A peine avait-il disparu que je courus vers l'escalier, la surface, l'air libre.

Tout ce temps-là, je n'avais pas eu la moindre conscience d'une présence humaine. Il y en avait sans doute, mais je n'avais *vu* ni un voyageur, ni un employé, ni un passant, ni personne. Sans doute était-ce en partie mon problème. Je me ressentais comme seule au monde, face à tout, à moi-même, au métro écraseur. Et face à mon envie d'en finir.

Mais d'en finir avec quoi ?

3

Une seule chose me paraissait alors sûre : je ne l'avais pas fait exprès. Ni de nier, de me dissimuler à moi-même que je n'allais pas, ni de me laisser déborder.

Longtemps j'avais lutté pour « ne pas savoir » ou plutôt pour « faire illusion », « garder la face », mais ce combat — *« le combat spirituel »,* dit Rimbaud, alors mon auteur favori, *« est aussi brutal que la bataille d'hommes »* — s'était déroulé jusque-là en dehors de moi.

Aujourd'hui seulement il venait d'apparaître dans le champ de ma conscience. C'était douloureux, horrible même, mais, tout compte fait, je devais le considérer comme un bienfait, un progrès : ayant découvert que ça n'allait pas, j'allais enfin pouvoir faire quelque chose pour m'en sortir.

En réalité, c'est seulement maintenant que je trouve normal de déclarer que « craquer » est une chance. Et c'est la psychanalyse qui m'a appris à l'estimer ainsi.

Longtemps, j'ai au contraire considéré que tant qu'on pouvait cacher à soi-même et aux autres ses difficultés intimes, ses angoisses, tout allait pour le mieux.

Pas vu pas pris, une souffrance niée n'existe pas. Telle était ma conviction, laquelle reste la conception commune.

Pourtant notre corps, qui nourrit silencieusement des cancers, nous donne la preuve du contraire : l'ignorance n'arrange rien ! Et chacun est bien d'accord pour reconnaître que « heureusement on a diagnostiqué le mal à temps ».

Notre être aussi peut couver pendant des années certains cancers de l'âme, qu'on les nomme névrose, psychose, maladie mentale, qui, lorsque le mal éclate à l'âge mûr ou au-delà, nous ravagent.

Le temps n'atténue rien ! En vieillissant, les obsédés le deviennent plus encore, les hystériques et les mythomanes empirent, les phobiques ne sortent plus de chez eux et les angoissés finissent par sombrer sous les tranquillisants.

Pour moi, ma crise avait éclaté au grand jour et j'allais enfin pouvoir me soigner.

C'est d'ailleurs ce qui me vint immédiatement à l'esprit, une fois que j'eus émergé de la station de métro et que je tentai de rentrer chez moi. Non sans mal.

Car les symptômes de l'angoisse ne m'étaient pas passés, loin de là ; à chaque pas, je sentais le sol se dérober sous mes pieds. J'avais le vertige, je vacillais. Le tissu de ma carapace intérieure ayant cédé, il n'était plus question de faire réintégrer son habitacle à ma souffrance. Comme dans la complainte où le roi Renaud rentre chez lui, le péritoine crevé, portant ses boyaux dans sa main.

Une idée, toutefois, me tenaillait : je ne ferais pas appel à un médecin, encore moins à un psychiatre dont je redoutais plus que tout le traitement chimique. J'avais toujours eu en horreur ces médicaments qui font disparaître les symptômes au lieu de tenter de comprendre ce qu'ils signifient. J'allais plutôt téléphoner à un psychanalyste.

Pourtant, n'avais-je pas cru face au métro qu'il n'existait plus pour moi un seul être vivant au monde ? Eh bien, ça n'était pas exact : il restait les analystes.

4

La première fois que j'avais entendu parler de psychanalyse et vu écrit le nom de Freud, c'était en classe, à Megève, pendant la guerre.

A la suite d'une atteinte de tuberculose qui paraissait accidentelle et qui, en fait, comme j'allais le découvrir en analyse, était la « réponse » de mon organisme à une situation familiale où je ne me retrouvais pas, le médecin m'avait expédiée à la montagne pour y soigner mon poumon gauche. Ma tante paternelle se trouvait alors résider en Haute-Savoie. Son mari ayant rejoint de Gaulle, elle avait trouvé plus prudent de chercher un asile en zone libre, avec ses deux fils, ce qui lui permit de m'accueillir et de m'héberger.

En dépit de la guerre, nous tentions, nous les enfants, de poursuivre nos études. Et c'est dans le petit institut de Florimontane, dirigé par Mlle Lucas — laquelle a laissé des traces dans bien d'autres mémoires que la mienne —, que j'abordais la classe de philosophie.

Mlle Lucas avait ceci de particulier qu'elle nous faisait apprendre le manuel de philosophie par cœur. Je revois encore le mien, d'un large format, entoilé de gris, imprimé sur beau papier glacé et souligné ligne à ligne.

J'avais une excellente mémoire et, désireuse d'avoir de bonnes notes, en fait d'être « la première » en tout et aussi en classe, autre symptôme de mon mal-être sur lequel je travaillerais en analyse, j'ingurgitais et retenais tout, prête à le restituer à la demande.

Mon bac passé, il m'en est resté seulement deux notions mais ce ne sont pas n'importe lesquelles. D'abord la sentence grecque, *Gnotis eotum*, connais-toi toi-même. Puis le paragraphe — il n'y en avait pas plus long — concernant Freud et la psychanalyse.

Si je m'attarde sur ces menus faits c'est que rien de ce qui nous arrive, dans notre adolescence et notre enfance où nous nous croyons encore « terrain vierge », n'est insignifiant.

Tout a son but invisible, sa direction, sa prégnance, ses intentions, son sens. Que nous le découvrions ou non, qu'il nous importe ou non.

Car on peut vivre et mourir en se moquant complètement du sens de ses actes, du déroulement des événements, de son histoire et de celle des autres. Certaines personnes ne s'en sont que mieux portées. Disons qu'elles ont pu se payer ce luxe. Car vivre insouciant en est un.

Pour moi, j'étais dans une telle confusion faite de peur, de désir, d'angoisse, j'étais possédée par un tel amour, aussi, de tout ce qui m'entourait et me manquait — à commencer par mes parents et ma sœur demeurés en zone occupée — que j'avais besoin de « comprendre ». Me comprendre.

J'étais en plus très fatiguée. Était-ce dû à la tuberculose ou à l'angoisse, j'avais du mal à mettre un pied devant l'autre et à monter chaque jour le raidillon, si bien nommé le Calvaire, qui menait de Megève au mont d'Arbois où nous habitions. Littéralement je me « traînais ».

Je n'avais cependant pas envie de mourir. Je ne crois pas. Toutefois, chaque fois que je lisais une biographie, ou m'intéressais à quelqu'un, c'était Chopin, Marie Bashkirtseff, Katherine Mansfield, des artistes d'une sensibilité exceptionnelle, qui mouraient jeunes. Et atteints, comme par hasard, de tuberculose.

L'idée que je « m'identifiais » ne me serait pas venue à l'esprit. Il aurait d'abord fallu que je sache ce que signifie le mot « s'identifier », et aussi que j'en connaisse la notion. Je l'ignorais tout autant que celle de « projection ».

En ce temps-là, on ne savait pas grand-chose en psychologie. De plus, on préconisait le silence. C'était une « valeur ». Les gens qui savaient se taire — et il y avait intérêt à la « boucler » en période de clandestinité et de Résistance —, ceux qui parvenaient à garder pour eux leurs émotions et leurs sentiments étaient considérés comme des héros, en tous les cas valaient mieux que les autres.

Je l'ai dit, j'avais envie de valoir plus que les autres. Donc, je me taisais. Je ne me parlais même pas à moi-même ! Toutefois, en contradiction — mais j'en étais bourrée ! — j'avais envie, besoin, de comprendre et de me comprendre.

C'est donc avec avidité que je retins la règle du philosophe grec qui vous recommande, avant toute chose, avant même de tenter de vivre, d'apprendre à vous connaître vous-même. Et, sur la même lancée, qu'un médecin d'origine étrangère au nom de Sigmund Freud, mot allemand qui signifie « joie », avait eu l'idée de se pencher sur ce qui se passe dans le cœur et l'esprit de ses malades et pas seulement dans leur corps.

Plus étrange encore, il soignait les siens par la parole. Il avait d'ailleurs écrit toutes sortes de livres sur le sujet.

5

Après avoir émergé du métro, c'est en serrant mon sac à deux bras contre ma poitrine et en évitant les regards que j'étais alors remontée chez moi, dans ce grand appartement désert où m'avait laissée mon divorce. Or je m'aperçus tout de suite que je n'avais pas regagné un terrain solide. Ni la sécurité.

Sans avoir à tourner les yeux dans leur direction, je percevais avec acuité la présence de plusieurs portes-fenêtres et aussi que je me trouvais au cinquième étage. Si j'avais autant conscience de ces ouvertures, alors que je ne leur prêtais guère d'attention jusque-là, c'est que la « pulsion » qui avait voulu me pousser sous la rame était toujours à l'œuvre.

Elle cherchait maintenant à m'entraîner sur le balcon pour que je me jette par-dessus la rambarde. C'était indéniable. Affreux. Irrationnel. Surprenant.

Car je n'avais pas pour autant envie de mourir,

j'avais seulement envie de me jeter, c'est tout. Sans doute pour fuir quelque chose. Quoi ?

Ceux qui n'ont jamais ressenti ce dédoublement ne peuvent comprendre à quel point l'on se retrouve impuissant devant cette réalité psychique à laquelle rien ne nous a préparés : nous ne sommes pas uniquement ce que nous croyons et ce que nous pensons !

Une autre force, en nous, cherche, dans certaines circonstances, à prendre le dessus sur notre volonté. Les coléricques le savent. Certains assassins, aussi, grâce à quoi, devant des juges plus avertis, il leur arrive de bénéficier de circonstances atténuantes.

J'aurais pu les invoquer car moi aussi je me sentais innocente de mon envie de meurtre à mon égard, comme ceux qui se livrent à des actes qu'en même temps ils réprouvent.

La preuve que je ne voulais pas céder à mon impulsion, c'est que je songeais à nouveau à des menottes et, cette fois, c'est aux radiateurs de fonte que j'aurais voulu m'enchaîner.

Rien qu'imaginer leur lourde masse me rassurait un peu. Oui, j'aurais voulu me lester d'un ou plusieurs radiateurs pour me figer là, pour ne pas devenir la proie du démon intérieur, échapper à ce désir forcené de destruction, de négation, de haine de ma propre personne.

Cette volonté d'anéantissement avait-elle réellement son origine en moi, qui ne suis ni violente ni meurtrière ? Je n'arrivais pas à le croire. Alors à qui appartenait-elle ? Qui, autour de moi, complotait ma disparition et depuis quand ? Questions auxquelles je n'allais pas donner réponse en un clin d'œil. Ni y parvenir seule.

C'était une autre évidence : j'avais besoin d'être aidée.

Ce flot de considérations me traversa — il me fallait penser vite — le temps que je m'approche du téléphone, en prenant garde de rester le dos tourné aux fenêtres, et que je compose le numéro d'une psychanalyste, une amie.

Par chance, Maud était chez elle. En quelques mots, je la mis au courant : j'avais failli me jeter malgré moi sous le métro, j'avais besoin d'elle, quand pouvais-je la voir ?

— Demain, me dit-elle sans tergiverser. Et elle m'indiqua une heure de l'après-midi.

— Merci, lui répondis-je.

Je raccrochai et je me sentis mieux, ce qui me surprit : il ne s'était encore rien passé ! En fait, je venais de solliciter une analyse et j'en avais non pas le bénéfice — il y faut des années — mais le soutien.

Ceux qui ont « franchi le pas », qui ont pris leur courage à deux mains, pour appeler un analyste et ont obtenu un rendez-vous, peuvent en témoigner : même s'il s'agit d'une date éloignée, parfois six mois, un an, ça arrive avec des praticiens très demandés, eh bien, déjà, on n'est plus le même ! Le processus analytique a commencé.

A partir de cette seconde, on sait que ce dont l'on souffre, parfois jusqu'aux limites de l'épouvante — comme c'était mon cas — n'est pas définitif! L'enfer n'est pas éternel ni illimité, il existe un bout au tunnel. N'eût-elle que la taille d'une tête d'épingle, l'on a commencé d'apercevoir la lumière qui indique la sortie.

Cela s'appelle aussi l'espérance.

De plus, cet espoir, même s'il passe à travers un autre, ne vient pas de l'extérieur, mais du fond de soi. C'est nous-même qui avons décidé que « ça suffit comme ça », et que nous voulons nous extraire de cette impasse !

Oui, d'un instant sur l'autre je me retrouvais prête à abandonner — sur-le-champ si j'avais pu — tout ce que j'avais appelé « moi ». Ces façons d'agir, d'être, ce petit monceau de secrets, de joies, de désirs, de misères auxquels je croyais tant tenir. Ma personnalité chérie. Aujourd'hui, je n'en voulais plus, j'en avais fini avec elle, d'autant qu'elle venait de me trahir : il m'en fallait une autre.

Toutes mes objurgations, mes préjugés contre la psychanalyse — j'en avais comme tout le monde — étaient tombés d'un coup : pour rien au monde je ne voulais demeurer avec cette force en moi, si mauvaise que pour lui résister je souhaitais m'enchaîner telle une bête aux radiateurs. Mais la contrer n'était pas assez : il fallait l'expulser, la chasser, qu'elle ne fasse plus partie de mon être...

Dit ainsi, on pourrait s'imaginer que l'analyse

relève de l'exorcisme : après quelques paroles d'incantation, on va mettre le Diable à la porte !

Il y aura effectivement des paroles de prononcées, beaucoup même, innombrables, mais ça n'est pas pour faire s'évaporer le Diable, mais pour qu'enfin il s'exprime : qu'y a-t-il de si dangereux, en nous, qui jusqu'à présent est demeuré « non-dit » ?

Ce qui rend le travail lent, c'est que ce « non-dit » date parfois d'avant l'époque où nous avions les mots pour le dire, et précède même notre naissance. Il y a des « non-dits » familiaux qui empêchent de vivre tout autant que s'ils nous étaient personnels. Allez donc dénicher ce dont on ne vous a jamais parlé ! C'est ce qui allait pourtant m'arriver, au bout de bien des années de recherche analytique.

Mais, à cette seconde-là, je n'envisageais pas la masse du travail à venir, je ne songeais qu'à l'heure suivante, et aux moyens de l'atteindre !

Comment suis-je parvenue à passer cette soirée avec tous ces non-dits qui s'étaient mis à bouillonner en moi comme autant de geysers ? Je n'en sais plus rien. Devant la télévision probablement, à me palper, tenter de me reconnaître. Car j'étais devenue étrangère à moi-même.

6

Ainsi j'avais mon premier rendez-vous chez un psychanalyste et même si j'étais toujours tenaillée par l'angoisse un nouveau sentiment m'occupait, la curiosité : comment cela allait-il se passer ?

Maud me tendit la main en même temps qu'elle m'ouvrit la porte et on peut imaginer avec quelle attention je scrutai son visage. Quand on ne va pas bien, le visage humain est comme une bouée, une balise : quelque chose de significatif à quoi se raccrocher dans la mer du non-sens.

Sans doute parce que, lorsque nous étions bébé, le premier « objet » perpétuellement penché sur nous que nous avons appris à déchiffrer pour tenter d'y lire notre avenir — la météo, si l'on veut continuer avec les comparaisons maritimes, gros temps, beau temps —, c'était la figure, le sourire de Maman.

C'est aussi pourquoi, quand on perd tant soit peu les pédales, on a peur de regarder autrui en face, surtout les yeux, à cause du regard qui semble vous « percer ». Alors qu'on est devenu d'un noir d'encre pour soi-même, cette espèce de vrille, de microscope à rallonge — car on perçoit le regard d'autrui monté sur antenne, comme chez les insectes — vous pénètre jusqu'à l'âme et paraît tout savoir de vous ! En particulier ce qui justement vous échappe, ce qui est sur le point de nous submerger, le menaçant, l'horrible, l'incontrôlable !

Et que quelqu'un puisse détecter en soi ce qu'on ignore le fait exister plus fort.

Ne parlons pas de la voix ! Elle sonne aux oreilles avec un nombre impressionnant de décibels et des résonances de cathédrale. La voix de Dieu sur le mont Sinaï.

Oui, autrui est à la fois l'unique chose à quoi se raccrocher, quand on se sent glisser vers l'inhumain, et, en même temps, ce qui vous terrorise le plus.

Heureusement, le sourire de Maud était juste ce qu'il fallait, et sa voix aussi, un peu moqueuse :

— Entrez. Alors, ça va ?

Si Maud m'avait dit : « Ça ne va pas ? », j'aurais éclaté en sanglots et nous en aurions eu pour longtemps à revenir à la parole. « Que se passe-t-il ? » m'aurait paru tout aussi dramatique et affolée encore plus que je ne l'étais. Il se passait donc en moi quelque chose qu'elle n'avait pas saisi, puisqu'elle me questionnait ? Cela signifiait qu'elle était dépassée et que je n'avais plus personne sur qui m'appuyer.

Son air calme, en revanche, sa mine habituelle,

cette façon de m'accueillir comme elle le faisait quand j'allais la voir seulement pour bavarder, m'informer de son travail, était ce qui pouvait le mieux me rassurer. Elle et moi, qui étions de toute évidence deux personnes raisonnables, allions pouvoir discuter sur plan d'égalité de cette chose bizarre, incongrue, qui aurait pu affecter n'importe qui d'autre que moi : mon envie suicidaire !

Il n'aurait pas fallu non plus qu'elle fût trop gaie, trop désinvolte ou trop « copine ». Son regard, noir, profond, investigateur — sans excès — démentait ce que son sourire et sa voix exprimaient de relativement insouciant.

L'analyste, je m'en convainquis, était toute attention à moi ; elle s'en faisait suffisamment et était prête à me consacrer le meilleur d'elle-même et de son savoir.

Ce pacte se conclut dans une poignée de main, donnée sur le pas de sa porte.

On voit, à ce seul préambule, comme il est difficile de parler de l'analyse car, à ce rythme et à ce compte-là, la relation d'une unique séance, avec tout ce qui s'ensuit comme conséquences ou début de conséquences chez la personne concernée, demanderait un ouvrage entier.

En même temps, certains changements d'état sont immédiats et quand je me suis laissée tomber sur la chaise en face de la sienne, j'aurais pu pousser un immense soupir de soulagement, peut-être l'ai-je fait, car il m'arrivait quelque chose que j'avais probablement attendu depuis toujours : j'allais être enfin « écoutée ».

Dans ma singularité, selon mes mots, ceux qui me viendraient sans avoir à les mesurer, ce que j'étais, n'étais pas, aurais voulu être, serais un jour, en fonction de mon sexe comme aussi en dehors de lui, en somme dans mon être tout entier et le destin de cet être qui se sait mortel et s'éprouve immortel.

7

Autant l'avouer dès à présent, ce qui a réellement présidé à mon destin, et dont le nœud s'est formé dans ma toute petite enfance, m'échappe encore, en dépit de tant d'années de psychanalyse.

La venue au monde d'un être humain, son premier développement sont une affaire trop complexe pour que notre cerveau puisse en prendre pleinement conscience, l'enregistrer dans son entier et le dominer.

Nous ne pouvons que tracer quelques avenues, y instituer une circulation, un sens acceptable. Et c'est à quoi s'emploie la psychanalyse.

Françoise Dolto trouvait le moyen de dire à un enfant dont le père était en prison que, tout coupable qu'il fût, il était quand même « valeureux ». A peine les mots prononcés, l'enfant se développait d'une façon parfois spectaculaire, car Mme Dolto avait le génie de comprendre qu'on peut être voleur et père valable. Reste que ces mots, dont nous avons tant besoin pour grandir, nous ne pouvons pas les inventer, ou rarement, il faut qu'ils nous soient dits. A bon escient. Au bon moment. A-t-on su me parler comme il convenait ?

J'étais née dans cet univers du silence, qui régnait encore un peu partout en France. (Et continue, surtout en province, je m'en aperçois quand ma liberté de parole « choque ».) Si l'on y bavardait beaucoup — nous étions une famille de femmes —, on se gardait bien d'aborder l'essentiel, comme me le confirme encore aujourd'hui mon cousin germain, qui en a souffert lui aussi.

On ne parlait pas non plus de ce qui était, hélas !, au cœur de chacun : le deuil. Ma grand-mère avait perdu une petite fille de douze ans, de méningite, et son seul fils des suites de la guerre de 14. Elle ne s'en consolait pas et, sans s'en douter, le faisait peser sur nous. Quand nous étions dans le Limousin, elle nous emmenait chaque jour, ma sœur et moi, sur leurs tombes. Dans ces conditions, j'allais avoir beaucoup à faire pour « m'ouvrir l'avenir ».

D'autant que moi aussi j'étais une enfant de la guerre : celle de 40.

Cette guerre-là, la France l'a perdue. Puis gagnée. Ce qui fait que les adultes ont effacé l'ardoise, tiré un trait sur les destructions, les humiliations, la torture, les morts, pour se lancer plus ou moins vaillamment dans ce qu'on a appelé la « reconstruction ».

Mais pas les adolescents. Comme l'exprime en une formule Robert Sabatier dans *la Souris verte*, ce roman où il fait le récit d'une adolescence sous l'Occupation : *« Nos vingt ans décapités. »*

Quand j'ai eu vingt ans, juste après la guerre, une partie de moi était aussi bel et bien décapitée. Celle qui aurait pu croire à l'avenir, à son droit à la vie, à l'amour, à fonder un foyer, une famille, avoir des enfants.

La guerre m'avait séparée des miens, ma sœur avait franchi le cap de l'adolescence sans moi, nous ne nous parlions guère jusque-là — peut-être étions-nous trop proches. Désormais, nous n'allions plus avoir pour longtemps de langage commun. Mon père s'était remarié et, très occupé par son nouveau ménage et sa carrière, n'avait guère le temps de songer à moi. Ma mère était engagée dans une course — qu'elle allait perdre — contre la faillite.

Personne au monde ne s'intéressait à mes problèmes. Pourquoi en aurais-je eu, dans mon milieu, les jeunes filles bien élevées n'en avaient pas ! On se préoccupait de ma santé, oui, d'ailleurs j'allais mieux. Mais de mon destin, non.

Et il n'existait pas à l'époque de « cure » pour adolescents.

Toutefois, je n'ai pas l'intention de faire le récit de ma vie — il y faudrait des volumes comme pour toute vie. Ni celui de la succession de mes amours (à travers ses avatars, ça n'est toujours que le même amour). Il s'agit de faire l'historique de mes relations avec la psychanalyse. De ce que j'y ai cherché, trouvé, de ce que je lui dois ou crois lui devoir.

La psychanalyse, pour la plupart d'entre nous, est encore le lieu du mystère. Et de la crainte.

Est-ce à cause de ma familiarité avec cette pratique, dont je ne me cache pas, mais on vient fréquemment se plaindre à moi que l'on ne va pas bien et me demander ce que j'en pense. Ma réponse est invariable : « Et si vous alliez en parler à quelqu'un dont c'est le métier d'écouter ? A un psychanalyste ?

— C'est que je ne connais personne ! Je ne saurais pas où aller... »

C'est un problème, en effet : à qui s'adresser en confiance ? Je donne deux ou trois adresses dont je suis sûre : si la personne en souffrance ne peut être prise en traitement par ces praticiens-là, trop occupés, je sais du moins qu'ils la recevront assez rapidement et sauront l'orienter.

Or la plupart du temps, pour ne pas dire toujours, sa demande n'a pas de suite. Suffit-il d'avoir un nom en poche pour se sentir mieux — ou, au contraire, complètement paniqué ?

Je crois plutôt que mes interlocuteurs désirent seulement que je leur parle de la psychanalyse. Ils ont envie de faire peur à cette part d'eux-mêmes qui « réclame » d'aller en analyse, comme on dit à un enfant qui veut voir le lion de tout près : « Si tu y tiens vraiment, je t'ouvre la porte de la cage ! Regarde, j'ai la clé. »

En somme, ils voudraient que je leur confirme qu'il y a véritablement danger à se faire analyser, dans l'espoir de décourager leur tentation d'y aller comme en dépit d'eux-mêmes.

Il y a des risques, c'est exact.

8

A ce premier rendez-vous, chez Maud, je ne trouvais toutefois que bénéfices, rassurement, réconfort. Il existait donc un être humain qui ne s'affolait pas de me voir telle que j'étais, mais qui, au contraire, tentait de me pousser plus loin ?

Je découvris aussi qu'ouvrir la bouche devant un analyste n'est pas chose aisée. Par où commencer ? Certains résolvent le problème en ne disant rien, pendant plusieurs séances. Leur silence est, comme on dit, éloquent. Il signifie qu'ils se considèrent comme n'ayant pas droit à la parole, ou qu'ils n'ont pas envie de la prendre parce que jusque-là, pour eux, ça n'a jamais été la peine. On leur a interdit, depuis l'enfance, la parole vraie, ou alors on ne les a pas écoutés.

Ma mère, elle, avait fait en sorte — j'en pris lentement conscience en analyse — que je n'osais parler sans avoir pesé, mesuré chacun de mes mots de crainte de l'angoisser plus qu'elle ne l'était déjà. Et ma grand-mère avec. Et ma tante. Et même mon père, que je voyais rarement, un anxieux lui aussi, en dépit des apparences.

Tous ces gens charmants, adorables, étaient restés de grands enfants. La dureté du monde, l'abominable guerre de 14, la nécessité de gagner sa vie dans une société qui vous rejette au moindre faux pas, le manque d'éducation secondaire de ces femmes magnifiques qui venaient de la campagne, faisaient qu'elles redoutaient tout, jusqu'à l'air qu'on respire.

L'enfant que j'étais avait dû percevoir leur peur en naissant. Associée à leur immense besoin d'amour. Chez moi, on baignait, trempait dans l'amour et un perpétuel souci de l'autre. « Tu as envie de ça, tiens, prends-le... » « Tu n'as pas l'air dans ton assiette, qu'est-ce que je peux faire pour toi... » « As-tu besoin d'argent ? » « Que veux-tu que je t'achète pour ton anniversaire, je t'en supplie, fais-moi plaisir, dis-le-moi ! »

L'autre était plus important que soi, semblait-il, et on ne cessait nuit et jour de trembler pour lui. « Si tu savais ce que je m'angoisse pour ta tante, elle a bien mauvaise mine ! » « Ta pauvre petite maman est tellement fatiguée, il faut dire qu'elle travaille tant pour vous élever et vous nourrir. » « Qu'a donc ta sœur, cette enfant me donne du souci, elle ne dit rien ! »

Une grande partie de l'activité de mon entourage consistait à s'inquiéter ouvertement des autres, afin, bien sûr, de se faire rassurer. Femmes seules, nous devions, perpétuellement, réconforter les unes sur le compte des autres et, ce faisant, nous rassurer nous-même !

C'est ainsi, du moins que je l'ai perçu. Ou reconstruit.

Une chose, en tout cas, est certaine : il était extrêmement peu recommandé, et même dangereux, chez moi, d'avouer qu'on était malade. Ou simplement patraque. Aussitôt c'étaient les gémissements, les larmoiements, l'appel d'urgence au médecin — le Samu, dieu merci, n'existait pas encore — tout le toutime. Et ce qui n'était au départ qu'une indigestion ou un bouton sur le nez devenait, par le cirque auquel se livrait ma mère, une véritable maladie. Ou guérissait instantanément !

Inutile d'ajouter qu'il en était de même pour les difficultés morales. Dire à Maman que j'avais des problèmes, avec la gouvernante, en classe, avec un professeur, moi-même, ou, plus tard, avec l'un de mes flirts, c'était provoquer un tremblement de terre (de mère ?), difficile à apaiser, épuisant.

Ce qui fait que je pris l'habitude de n'avoir aucune maladie ni aucun problème. Tout allait toujours très bien.

— Comment vas-tu, ma chère petite ?

— Très bien.

Des années durant, ce fut ma réponse à tout le monde. J'appris à la proférer sur un ton si péremptoire que personne ne songeait, je crois, à la mettre en doute. Quand j'informai mon entourage que je divorçais, et même que c'était fait, les bras leur en tombèrent, ils n'avaient jamais entendu parler de l'ombre d'un désaccord entre mon mari et moi...

Un autre exemple, je me revois assise sur un banc de ce qui était alors l'avenue Henri-Martin, juste sous le mur du cimetière de Passy. Je venais de m'arrêter là, incapable d'aller plus loin, les jambes coupées par un terrible point de côté. Ma congestion pulmonaire, laquelle avait dégénéré en tuberculose, était encore récente. Ce « coup de poignard », que connaissent tous ceux qui ont eu peu ou prou des difficultés thoraciques, me terrorisa, non parce que je craignais la maladie ou la mort (l'idée m'en effleura et ne me fit rien) mais à cause d'une seule, d'une obsédante pensée : « Surtout que Maman ne le sache pas ! »

Oui, j'avais beaucoup plus peur de l'angoisse de ma mère que de la souffrance ou de la maladie. Une fois rentrée, je ne me plaignis de rien, pas même au médecin, et, à la longue, je guéris.

Entre-temps, ayant sans doute compris, elle aussi, qu'il ne fallait « rien dire à Maman », ma tuberculose s'était enkystée, plus de points de côté, mais elle continuait à bas bruit, sans que personne le sache et du coup sans qu'on me soigne. Peu importe, du moment que Maman ne se doutait de rien et n'en était pas informée !

Elle ne le fut pas, au point que des années plus tard, j'eus une véritable crise de rage et de désespoir à l'entendre affirmer hautement : « Madeleine ? Mais elle n'a jamais été tuberculeuse, qu'est-ce que c'est que cette histoire, ça n'est pas vrai... »

Et ma stérilité, alors, je n'avais peut-être jamais été stérile non plus, en conséquence du bacille de Koch ? Pourquoi dans ce cas n'avais-je pas d'enfant ? Au regard que Maman me lança, je compris qu'elle m'enjoignait à aller regarder du côté des hommes, non du mien. En tant que fille de ma mère, je ne pouvais qu'être saine et parfaite. Je n'avais jamais été malade, la preuve : elle n'en avait jamais entendu parler !

Non, en famille, je n'étais pas écoutée. Mais pourquoi l'aurais-je été, puisque — par crainte, justement, de l'être — j'avais pris le pli de ne rien dire ni ne rien laisser transparaître que d'anodin ?

Par précaution, par habitude, puisque je ne savais faire autrement, je commençai donc tout de suite par rassurer Maud. Pour qu'elle ne s'affole pas elle aussi, car je ne l'aurais pas supporté ! Elle habitait au septième et je me serais précipitée par la fenêtre si j'avais décelé la moindre lueur d'inquiétude dans ses yeux qui m'eût rappelé Maman et son incapacité à supporter ma douleur, donc à me supporter moi. Telle que j'étais. En mon entier.

Et je la priai à mots précipités de ne surtout pas s'en faire ! Tout cela n'était pas grand-chose. Bien sûr, je vacillais toujours un peu, j'avais des vertiges, des angoisses, envie de me « jeter », mais j'allais déjà beaucoup mieux, tellement mieux qu'hier.

Maud ne se laissa pas duper : elle savait que j'allais mal au point de hurler silencieusement au secours, ce que j'étais en train de faire. En même temps, par tout son comportement, comme déjà la veille au téléphone, elle me laissa entendre qu'en effet elle ne s'en faisait pas !

9

L'analyste, face à la situation la plus tragique, celle que la plupart des gens ne parviennent pas à tolérer, demeure non pas de sang-froid — de cela les médecins sont capables — mais tranquille, on pourrait dire serein. Il possède, sent-on, la force affective de « faire face ». Même s'il s'agit de la mort ou de la folie.

Cette dédramatisation immédiate me changea complètement de la relation que j'avais pu avoir avec mes proches ou même un médecin, et contribua à me rassurer.

Maud m'avait raconté autrefois comment elle avait sauvé sa première anorexique en lui disant : « Je t'aime même si tu veux mourir et même si tu meurs. » Peu après, la jeune fille s'était remise à manger. (La démarche est plus complexe, bien sûr, et différente dans chaque cas, mais elle indique dans quel sens un analyste travaille : il ne se dissocie pas de son patient ni dans l'extrême souffrance ni dans la mort.)

Une phrase de Françoise Dolto continue également de m'accompagner. Devant l'une de ces situations abominables où l'on a le sentiment qu'il vaudrait mieux que les acteurs du drame soient tous morts, ne fût-ce que pour faire cesser notre propre douleur de témoins, il lui arrivait de dire : « Eh bien quoi, du moment que ces gens-là vivent, c'est qu'il y a de quoi vivre ! »

Je ne connaissais pas alors Françoise, avec qui Maud avait travaillé, ce que je ne savais pas non plus. En fait, j'ignorais presque tout de la psychanalyse mais je fus ranimée par ce qui émanait de cette femme et se communiquait à moi : c'est entendu, j'avais été submergée par quelque chose d'obscur, qui venait de mon tréfonds, mais il n'y avait pas de quoi en faire une affaire, il s'agissait seulement de « travailler » dessus.

C'est cette prise au sérieux qui fait qu'un premier rendez-vous avec l'analyste diffère considérablement d'une conversation entre amis. Sous le fallacieux prétexte de nous rassurer, nos proches nous répondent trop souvent par des échappatoires : « N'y pense plus, ça s'arrangera. »

Ou alors : « Ça n'est pas bien grave, moi aussi je suis passé par là, tu verras tout s'oublie ! » Sur quoi, en démenti, ils entreprennent de nous conter par le menu leur propre expérience, soi-disant « oubliée » !

Or si quelqu'un m'avait dit à ce moment-là : « N'y pense plus, ça passera tout seul », j'aurais pu me « flinguer » rien que pour démontrer à mon interlocuteur à quel point il était dans l'erreur et le « punir » de ne pas mieux m'écouter. (Une autre conséquence d'une crise névrotique est que par manque de mots et de paroles on est tout le temps sur le point de passer à l'acte. C'est encore plus évident chez les adolescents.)

Maud, si elle n'avait pas l'air de s'effrayer de mes propensions suicidaires, ne minimisa en rien ma douleur.

C'est avec grande attention (et sans m'interrompre pour me parler de ses problèmes à elle !) qu'elle m'écouta évoquer ma situation de femme récemment divorcée, ma stérilité, et une actuelle relation d'amour qui n'évoluait pas dans le sens où j'aurais voulu.

Comme elle me l'avait recommandé au départ, j'exprimais sans retenue tout ce qui me venait. A commencer par ma conviction d'être bonne à rien, la preuve je ne trouvais pas ma place dans cette société, ni aucun homme avec qui vivre !

Je reconstitue, en réalité j'ai oublié ce que j'ai pu dire ! (Maud également, je le lui ai demandé depuis.) Ce dont je me souviens, parce que cela me parut venir comme des cheveux sur la soupe, c'est que tout à coup, sans à-propos, elle me déclara : « C'est un problème avec votre sœur. »

Ma sœur ? Je n'avais jamais eu de problème avec ma sœur de ma vie, d'ailleurs avais-je même parlé d'elle, sinon pour mentionner son existence quand j'avais exposé ma situation familiale. Ma pauvre sœur, qu'avait-elle à faire là-dedans ? Elle n'était même pas au courant de ce qui me tourmentait. (Qu'elle n'aurait pas compris, pensais-je.)

Il fallut plus de vingt ans pour que le diagnostic de Maud se confirma ! J'avais bien un problème avec ma sœur, laquelle m'avait longtemps servi de « sœur siamoise », et, même si elle ne l'était plus, notre intense relation était au centre de ma difficulté à vivre !

C'est un exemple de ce que peut révéler une bonne écoute analytique, reste qu'il est long et difficile au patient de rejoindre ce qu'a perçu l'analyste, parfois d'emblée.

Mes amis analystes me le disent : un nouveau client entre dans leur cabinet et après quelques phrases, il leur arrive de savoir à peu près ce qui est en cause, où est le « nœud », le défaut dans la structure, ce qui ne s'est pas maturé à temps, où le bât blesse en quelque sorte.

Toutefois, il va falloir tout détricoter, ce qui prend du temps, pour ensuite le retricoter à l'endroit, et le patient, même s'il vient régulièrement à ses séances, le plus souvent n'aide pas : il « résiste ».

C'est plus fort que lui, face à une vérité qui lui fait trop mal, il se dérobe. « Croire qu'on avance en analyse ne serait-ce pas un leurre puisque, sous une forme ou sous une autre, on ne cesse pas de se répéter ? ai-je demandé plus tard à un célèbre praticien. — Je l'ai cru, m'a-t-il répondu, mais l'analyse est comme la goutte d'eau qui tombe sans arrêt sur la même pierre, avec le temps elle finit par l'user ! »

Toutefois, à cette minute-là, je ne me posais pas la question du temps : j'étais dans l'émotion de découvrir que ce qui se passait en moi pouvait avoir un sens pour une autre personne.

C'est alors que Maud me dit :

— Je ne vais pas pouvoir vous prendre en analyse.

— Pourquoi ça ?

Je me sentis étonnée, mais pas inquiète, de toute façon, c'était fait, elle s'occupait de moi.

— Parce que vous êtes une amie. Je vais vous envoyer à quelqu'un d'autre, un proche de Lacan, cela vous va ?

Je lui avais dit, d'emblée, qu'étant intime de Jacques Lacan, que je voyais souvent, qui m'appelait parfois en pleine nuit (il était coutumier du fait), chez qui j'avais passé bien des dimanches, à la campagne, je ne désirais pas entrer en analyse avec lui, ni même lui parler de mon mal-être. Je percevais le célèbre analyste, peut-être à tort, comme trop « intéressé » par ma personne, c'est-à-dire par mon image, ma figure sociale, et — là je me trompais sans doute — trop loin de mon être véritable.

Je désirais avoir affaire à quelqu'un qui ne m'avait jamais rencontrée sur le plan mondain en train de jouer mon personnage, et qui me prît pour ce que j'étais, une femme en souffrance.

Elle me donna le nom de Christian, dont je n'avais pas entendu parler, et arrangea elle-même, par téléphone, un premier rendez-vous.

Quand je sortis je n'étais pas rassérénée, loin de là, il me faudrait des mois pour commencer à l'être, mais j'étais enfin « à mon affaire ».

Comme si, depuis toujours, j'avais attendu ce qui venait de m'arriver, me retrouver en analyse.

10

A trois ans, je savais lire. J'avais appris sans aucun effort sur les genoux de ma grand-mère maternelle, mais pas n'importe quand : au cours de la seconde grossesse de ma mère. Déjà, je percevais et enregistrais tout, comme la plupart des enfants.

— Papa, à quelle époque avons-nous quitté le square Robiac ?

— Tu avais quatre ans.

— N'y avait-il pas des portes vitrées à petits carreaux avec des rideaux en soie ?

— Si.

— Une fenêtre donnant sur un jardin derrière ?

— Si.

— Et des balcons sur le devant ?

— Tout à fait.

Plus de cinquante ans plus tard, mes souvenirs sont ainsi confirmés et datés par mon père. Je me revois franchissant cette porte vitrée et me précipitant mon livre à la main vers mes parents qui venaient de rentrer : « Ça y est, je sais lire ! »

Hélas ! ils se disputaient entre eux (ils devaient divorcer trois à quatre ans plus tard) et, à ma cuisante déception, ne m'écoutèrent pas.

Je me revois aussi, j'avais trois ans et deux mois, sur le balcon donnant sur la rue, en compagnie de ma grand-mère, fixant à travers la grille une femme au chapeau cloche descendant de voiture, un paquet de linge brodé dans ses bras : « Regarde, voici ta mère qui arrive de la clinique avec ta petite sœur ! »

C'est à partir de là, je le ressens comme si c'était hier, que j'ai voulu comprendre. Me comprendre. Tenter de desserrer ce nœud de haine, d'amour, de peur, de désir qui s'était formé et durci en moi. D'un coup.

Dans ma famille, ce douillet nid d'amour dont j'avais tant besoin pour me développer, je savais que je demeurerais la « première » par l'âge, mais je me sentais désormais menacée dans le cœur des miens par la nouvelle-née. J'allais devoir tout partager. Ce qui me fut imposé, mais jamais justifié. Au nom de quoi devais-je, soudain, sans préparation, n'ayant rien demandé, couper en deux tout ce qu'on m'avait dit être mien ?

Et si je restais également la première par mon « instruction » — ne savais-je pas lire et très bien ? — ma petite sœur se révéla bientôt d'une force physique supérieure à la mienne : dans la bagarre, elle avait le dessus !

Je ne faisais pas le poids, en cas d'affrontement, d'autant que ce petit bout de femme était d'une obstination, on disait chez nous d'un entêtement, sans limites. Et il fallait donc que je gagne les combats qu'elle m'imposait grâce à l'arme où j'avais prouvé ma maîtrise : le langage.

— Vraiment, tu n'avais pas besoin de cette sœur-là, me dit un jour Françoise Dolto.

C'est un propos qu'elle tenait presque automatiquement aux petits enfants en conflit avec un « nouveau » dans la famille, ce qui a pour résultat, la plupart du temps, de calmer le jeu.

Eût-on deux ans, une fois votre problème reconnu — et il est d'autant plus gros qu'on est plus petit — il ne vous reste qu'à le résoudre.

D'ailleurs, si Mme Dolto s'était trouvée en face de ma sœur, elle lui aurait fait exactement la même réflexion ! Car elle non plus, je le compris en « travaillant » sur le divan, n'a pas eu la vie facile, d'arriver après moi. Quand ma sœur est née n'a-t-elle pas eu le sentiment que la place était déjà prise ?

Il n'y a là rien d'exceptionnel.

11

En réalité, c'est sans le savoir et à l'insu des miens que j'allais assez mal. Malade d'impuissance, de chagrin, d'incompréhension de moi-même et des autres. Reste que je ne puis repenser à cette époque où je vivais en apesanteur sans un étrange sentiment de poésie et de tendresse.

C'est bien l'une des raisons pour lesquelles il est si difficile de soigner des jeunes et des adolescents. Ou même de les considérer comme malades : ils vivent par-dessus la vie, ce qui, à leur âge, paraît naturel. S'ils demeurent rencognés chez eux, tapis dans leur chambre, blottis sous leurs draps, à demi anorexiques, boulimiques, quasi aphasiques — j'étais tout ça par période — la famille déclare avec un bel unisson retrouvé : « C'est l'âge ingrat, ça lui passera ! »

Il est vrai que la plupart s'en sortent, arrivent au bout de leurs études, échappent au suicide d'adolescent — hélas si fréquent —, à l'alcool, pire encore à la drogue.

En somme s'en « remettent ». Ils ont trouvé un modus vivendi avec eux-mêmes qui peut faire illusion.

Jusqu'à ce que l'un ou l'autre, à l'âge mûr ou même avant, passe soudain par un épisode que rien ne laissait prévoir. Fugue, violence sur soi-même ou les autres. Maladie somatique.

— Que lui arrive-t-il, il était si gentil, si tranquille, il avait si bien réussi, qui aurait pu se douter ?

Moi aussi, j'étais si bien : une si charmante jeune fille !

C'est ce qui me revient par les témoins de l'époque, une série de « si » : « Vous étiez si séduisante, si brillante dans vos études, et si bien habillée ! »

Certes.

L'école, pour moi, était finie. La Sorbonne, la faculté de droit, ne me prenaient pas beaucoup de temps. Les étudiants étaient tellement moins nombreux qu'aujourd'hui, et les maîtres beaucoup plus indulgents. Il suffisait de travailler quelques semaines avant les examens pour les obtenir.

Le reste du temps j'étais libre. Cela veut dire que je pouvais demeurer dans mon vide. Or, et c'est bien le symptôme de mon désarroi, ce non-faire, ce non-agir, ce non-vivre me convenaient.

N'ayant ni but ni projet, je passais la plus grande partie de mon temps à errer de chambre en chambre dans notre maison de Chaillot vidée de son luxe et de ses domestiques. J'ouvrais et je refermais des tiroirs pleins de choses devenues inutiles, j'écrivais, à croupetons sur mon lit, des textes que je ne terminais pas, j'esquissais des dessins de mode.

Je lisais énormément, apprenant par cœur quelques strophes des poèmes les plus désespérés, pleurais beaucoup, sans raison me semblait-il, roulais sans destination à bicyclette dans un Paris vidé de voitures et beau comme une fête, ne m'ennuyais jamais.

Curieusement, je me satisfaisais de demeurer oisive et immobile.

Dans quel sens d'ailleurs aurais-je pu aller ?

Éprouver un désir, souhaiter un voyage, ne fût-ce qu'une excursion, une sortie dans un autre milieu que le nôtre, n'aurait pas eu l'approbation de ma mère — elle ne voulait jamais que je m'éloigne d'elle — et lui désobéir, l'angoisser plus qu'elle ne l'était, se révélait au-dessus de mes forces.

12

Ce qui surprend, quand on entre en relation avec la psychanalyse, c'est l'importance capitale donnée à Papa/Maman.

Certaines personnes qui n'ont pas connu leurs parents, ou à peine, trouvent qu'il y a dans ce retour aux sources quelque chose de dérisoire, comme de se pencher sur l'apprentissage de la propreté. Ils viennent consulter parce qu'ils ont des problèmes d'adultes avec des adultes, et voilà qu'on les ramène au berceau et au pot de chambre ! Cela amuse peut-être l'analyste, mais pas eux ! En tout cas, il y a longtemps qu'ils ont rayé ces insignifiances de leur mémoire, si elles s'y sont jamais trouvées.

En réalité, les conflits dont ils se plaignent avec leur femme, leur maîtresse, leur patron, sont calqués sur leurs premières difficultés dans leur relation à autrui. D'où l'importance, si on veut la modifier, de travailler à l'évoquer ou la reconstituer.

Un homme, aujourd'hui âgé et que je connais

bien, né prématuré au début de ce siècle, a tout de suite été placé dans ce qui était à l'époque une « couveuse ». Il a donc été séparé dès sa première heure du corps, de l'odeur, de l'amour de sa mère et livré à ses propres forces.

Il y a en lui, il l'a prouvé à de nombreuses reprises au cours de sa vie, une grande capacité à se sortir seul de n'importe quel traumatisme. Grièvement blessé à Verdun à vingt ans, condamné par les médecins de l'armée penchés sur lui, il s'en est tiré « parce qu'il le voulait », m'a-t-il dit. C'est aussi l'homme le plus courtois, le plus tendre et en même temps le moins passionnel que je connaisse. Vivre près de lui n'en est que plus agréable, il ne se cramponne jamais à personne. Vous êtes là, tant mieux, vous n'y êtes plus, il le regrette mais il se débrouille autrement. Cet homme c'est mon père.

Quand je tente de rattacher sa force de résistance et son heureux caractère à l'expérience, déterminante pour un nouveau-né, de la couveuse, il me rit au nez. Pourtant, dans ses réactions, chaque fois que la situation est grave, c'est évident. Il y a puisé la conviction qu'il peut et qu'il doit s'en tirer par ses propres forces.

Moi aussi j'étais convaincue que ma toute petite enfance n'avait plus aucune espèce d'influence sur l'adulte que j'étais devenue, engagée dans des relations passionnelles avec des hommes de mon âge qui ne rappelaient en rien mes premiers attachements : ma mère, mes nourrices, ma grand-mère.

Il y avait longtemps que ces pauvres femmes n'avaient plus le pouvoir de me rendre heureuse ou malheureuse !

Eh bien, si.

C'était dans leurs bras tremblants d'émotion, bercée par les paroles de passion de ces femmes veuves, célibataires ou divorcées, pour lesquelles l'enfant était « tout », que j'avais expérimenté mon premier rapport à autrui. Que c'était bon d'être l'unique dans le cœur de quelqu'un, de régner sur sa vie en maîtresse absolue ! En somme de vivre l'amour fou ! Et j'y avais pris goût pour toujours.

En tout cas, jusqu'à ce que, d'échec en échec, je finisse par me rendre compte qu'en dehors de la littérature et des romans surréalistes d'André Breton l'amour fou est invivable. (D'ailleurs, si le poète lui survit, Nadja, l'héroïne de *l'Amour fou,* meurt.)

Or mes éleveuses, tout en me faisant partager l'extrême de la passion amoureuse — ma mère et ma grand-mère nous laissaient entendre, à ma sœur et à moi, que si nous mourrions elles mourraient de chagrin avec nous —, m'avaient aussi donné leur goût fort, violent, paysan de l'existence. (Même éloigné, mon père aussi m'avait ancrée dans le refus de me « faire avoir » par l'adversité.)

Ce qui fait que tout en ne pouvant rien concevoir d'inférieur, dans le domaine des sentiments, à ce que j'avais connu d'excessif dans mon enfance, même frustrée, blessée, désespérée, je ne voulais pas en mourir. C'était trop bête.

13

Or voilà qu'à l'âge mûr un amour, un grand amour, me déstabilisait au point de me faire considérer l'entrée en analyse comme mon dernier recours.

Qu'avait-elle de particulier, cette passion, pour m'avoir autant entamée ?

Il m'est difficile d'en parler dans son entier, d'abord parce que cela ne regarde pas que moi. Ensuite parce que ce que l'on apprend, en psychanalyse, c'est justement à ne voir que sa moitié d'orange.

Tout ce que je puis dire, c'est qu'après plusieurs années de liaison, je me retrouvais empêtrée dans des liens dont je souffrais énormément, tout en me sentant impuissante à les rompre.

Jour après jour, laissée seule le soir, le dimanche, les jours fériés, aux vacances, j'avais le sentiment que je gâchais mon temps, mon énergie, mon pouvoir de création, et à quoi ? Eh bien, à attendre. Toutes les femmes qui ont vécu ou vivent ce qu'on nomme le *back-street* savent de quoi je parle. Avec un homme marié — je ne dis pas que la situation soit invivable, mais il faut être suffisamment mûre pour savoir en profiter — elles n'ont pas ce qui leur apparaît comme « une vraie vie de femme ».

Et moi, mariée très jeune avec quelqu'un de très occupé, n'ayant pas pu avoir d'enfant, j'espérais enfin, avant qu'il fût trop tard, jouir d'« une vraie vie de femme », avec la présence quotidienne d'un homme au foyer. En particulier, j'ambitionnais cette chose simple et bête : un bruit de clé dans une serrure de porte d'entrée, une ou deux fois par jour.

Or je me retrouvais avec exactement le contraire, l'absence, la distance, le téléphone. Alors pourquoi est-ce que je persistais, alors même que tout mon être, pris de vertige, m'avertissait que j'étais en train d'en tomber « malade » ? C'était ça que je devais analyser.

Bien entendu, j'étais incapable de me formuler aussi nettement les données du problème. Je dirais même que je les déchiffrais à l'envers : je ne souhaitais surtout pas rompre mais faire en sorte que cet homme qui disait m'aimer m'aimât assez pour vivre avec moi. Ce serait, pensais-je, le remède à tous mes maux, plus besoin d'analyse !

Par ailleurs, je me persuadais que s'il ne s'y décidait pas, c'est qu'il y avait en moi quelque chose qui l'en empêchait. Qu'est-ce que ça pouvait bien être ? Ma stérilité ? Lui-même était déjà père de plusieurs enfants et il semblait content d'avoir affaire à une femme non féconde. Nous étions à une époque où les femmes se libéraient et où les « pondeuses », comme nous disions, étaient un peu tournées en ridicule. Les « cerveaux » féminins de l'époque, Simone de Beauvoir en premier, refusaient la maternité qui empêchait de rivaliser à armes égales avec les hommes. En tous les cas, de vivre avec eux au coude à coude.

Alors, qu'est-ce que j'avais de « pas normal », d'insuffisant ? Car, c'était moi, forcément, qui étais en cause, en tort, en accusation. Moi la « coupable ». Quelle est la femme se jugeant mal aimée qui ne pense, au fond d'elle-même, qu'elle y est pour quelque chose ?

Et la question que je m'apprêtais à poser à l'analyste me paraissait simple : comment fait-on pour se faire aimer « jusqu'au bout » ? En somme épouser.

14

J'étais assez satisfaite que l'analyste indiqué par Maud fût un homme. Je ne le connaissais pas encore, mais je savais qu'il avait à peu près l'âge de celui que j'aimais, il pourrait donc servir de substitut. Je fantasmais d'exercer mes « griffes » sur lui, et sans danger puisque, quoi que je dise, il resterait dans son fauteuil à m'écouter. En somme, alors que je tenais à peine debout, et que je ne l'avais pas encore vu, j'envisageais déjà de le séduire !

C'est ce qu'on nomme le transfert. (Il peut présenter tous les genres, amoureux, bien sûr, mais aussi haineux, méprisant, indifférent...)

Dès le début de l'analyse, on vous a énoncé la règle du jeu, ou plutôt du contrat : ce qui aura lieu chez l'analyste doit passer uniquement par la parole, jamais par les actes. On ne doit pas, par exemple, tout casser chez son analyste, l'agresser, lui sauter au cou non plus, venir faire du chambard, ne pas respecter les heures de rendez-vous, sous peine de se retrouver exclu. C'est, à première vue, une limitation : une certaine forme d'action vous est interdite.

En réalité, un être humain, à moins d'être un pur esprit, un fantôme, ne peut se trouver réduit à sa seule parole. Il bouge, il respire, il émet des odeurs, des bruits de corps ou de gorge, lance des œillades, offre son apparence. Chacun sait que cela suffit à une femme pour séduire et même que c'est la situation dans laquelle elle se trouve le mieux à son affaire.

Érotique par excellence !

Toutes les pucelles, reines et nonnes des siècles passés ont « tombé » leurs amants dans des situations d'interdit encore plus grand : elles avaient beau être confinées derrière une grille, dans une semi-obscurité et réduites au silence, elles y arrivaient quand même.

Alors, assise à courte distance d'un inconnu et invitée de but en blanc à lui exprimer ce qui me passait par la tête, je ne craignais personne ! Et je me sentais, à l'avance, nager dans le romanesque.

Que l'homme qui se rend pour la première fois chez une analyste femme, ou la femme chez un analyste homme, me disent, sans mentir, qu'ils n'y ont pas songé. Et il faut bien qu'il y ait un « appât » imaginaire de cet ordre, car la situation, en réalité, n'est pas drôle.

Je ne me rappelle pourtant pas comment j'étais habillée quand j'ai débarqué chez Christian, en ce matin de l'automne 1967, après avoir pas mal vacillé sur le trottoir. De mon mieux, j'imagine, mais sans provocation. Je tenais avant tout — ça n'en serait que plus intéressant par la suite — à me poser comme une personne « respectable ». Et je faisais encore bien jeune, plus jeune que mon âge réel. (J'avais songé à mentir sur mon âge, mais dans une situation que je jugeais de vérité, je ne m'y autorisais pas.)

Toutes ces petites choses comptent et obsèdent dans ce grand moment, comme le jour de sa première communion où l'on se demande si la gorgée d'eau et la miette de biscuit que l'on a ingurgitées il y a moins de trois heures vont vous mettre ou non en état de péché mortel.

Oui, la situation analytique, pour certains êtres dont je suis, réveille tous leurs scrupules. Peut-être parce qu'on ne sait pas quoi penser d'autre. On dit que les analystes doivent accueillir leur client l'esprit vide de tout savoir préalable. Je ne sais si c'est par mimétisme, mais le patient aussi a souvent l'esprit vide, en arrivant à son rendez-vous, surtout au premier. Ou alors il remâche toujours la même chose, il ratiocine, ce qui est une autre façon de ne penser à rien.

Et c'est bien ainsi.

Après m'avoir laissée un moment dans son salon d'attente, où je n'osais pas ouvrir un magazine de peur de paraître trop détachée alors que j'étais en sueur, Christian m'a ouvert la porte de son cabinet, introduite et avancé un siège. Puis il s'est tiré un fauteuil non loin du mien.

Que s'est-il passé, que nous sommes-nous dit ? Je pense que j'ai dû faire allusion à ma visite chez Maud : « Mais elle a dû déjà tout vous expliquer ? »

Un analyste, je ne le répéterai jamais assez, est censé ne rien savoir que ce que le patient lui dit lui-même, avec ses propres mots. (Le choix de chaque mot est important.) Ce qui fait qu'il me pria de recommencer et je repartis dans l'épisode du métro. Je n'aimais pas beaucoup ça, chaque fois j'étais reprise d'angoisse. Cela se manifestait par une légère crispation dans le bas-ventre, qui irradiait par tout le corps, mes mains aussitôt devenaient moites, ma gorge se nouait et je me demandais avec terreur vers quoi j'allais.

Il me vint à l'idée d'avouer à Christian dans quel état je me trouvais, après tout j'étais là pour parler de moi et si j'étais en train d'évoquer un événement révolu, ce qui se passait à l'instant même devait avoir son importance.

C'était, en effet, la bonne voie et la façon dont Christian hocha la tête, d'une façon non pas compatissante mais entendue, me rassura un peu. (Il n'était plus question de le séduire, à ce moment-là !)

Ensuite, j'exposai brièvement mon état amoureux et esquissai, comme pour un curriculum vitae, les éléments de ma situation familiale, sociale, professionnelle.

Cela ne m'était pas réellement demandé. Vous n'êtes pas obligé de dire à un analyste où vous êtes né, ni combien vous gagnez, si votre appartement vous appartient ou non. Étrangement, dans bien des cas, on le fait. Nous sommes tellement habitués à être « en fiche » que nous le sommes aussi vis-à-vis de nous-mêmes.

Toutefois, en analyse, on s'aperçoit vite combien cela a peu d'importance. Ce qui compte, c'est la « plainte ». De quoi se plaint-on ? Et la demande : qu'est-on venu demander là ? Oui, là, et pas ailleurs ?

Je ne sais ce qui émana de mon discours, mais à un moment donné, Christian me déclara que, oui, il voulait bien me prendre en traitement. Pour mon compte, je n'en avais jamais douté ! Et je découvris à retardement qu'il aurait pu ne pas le faire, lui aussi était « libre » et il n'avait pas, comme un médecin, l'obligation d'assistance à personne en péril. En fait, il ne s'occupait pas de mon danger, réel ou imaginaire, il s'adressait à mon être. Mon être raisonnable, mon être éternel, qui ne prenait pas ses propres maux tout à fait au sérieux — qui les prend ? —, mon être avide de vérité, d'échange, de relation avec autrui, en somme ce qu'il y avait de sain et de solide en moi, un peu débordé pour l'instant, mais qui ne désirait plus l'être. Qui voulait reprendre le contrôle. C'est avec cette partie de moi qu'il fit alliance. Non avec l'autre, l'aliénée, celle-là, nous allions la traiter.

Elle dut le sentir et c'est à ce moment même qu'elle se constitua en « résistance ». Car la partie de nous-même incarcérée dans la névrose n'entend pas lâcher le terrain comme ça, oh que non !

Puis Christian m'expliqua que nous allions demeurer ainsi quelque temps, à parler de mes problèmes au cours d'entretiens qui ne sont pas véritablement de l'analyse, plutôt de la psychothérapie.

Sans doute avait-il jugé, à travers mes dires, que je n'étais pas en état d'affronter la solitude du divan. J'étais si fragile, si peu structurée que j'avais, pour commencer, besoin de me consolider.

Bien sûr, je n'avais pas conscience de mon état et Christian ne me le dit pas. On se *sent* mal mais on ne se *sait* pas mal, et émettre un diagnostic trop catégorique pourrait avoir des effets catastrophiques. (Il m'est arrivé, comme à d'autres analysants qui m'ont confié avoir eu la même réaction, que mon analyste me dise : « Cette semaine, je veux vous voir tous les jours ! » Angoisse, panique ! J'allais donc plus mal et je ne m'en étais pas aperçue ! En réalité, je venais de faire un progrès et pour passer à l'étape suivante, ce que le thérapeute envisageait comme possible, il souhaitait accélérer le rythme des séances.)

Et voilà, c'était fait, je me retrouvai sur le trottoir, mais je n'étais plus la même : j'étais en puissance d'analyste !

Ce qui est un grand privilège dont on jouit dans

nos sociétés libérales, mais nous ne nous en rendons pas toujours compte, surtout quand nous sommes englués dans nos problèmes. Maintenant j'ai de la gratitude pour le pays où je vis, qui me l'a rendu possible. (Comme certains soins ou examens médicaux hautement spécialisés dont on ne peut bénéficier que dans très peu de lieux au monde.)

Cette première relation d'analyse, avec Christian, dura près d'un an. Petit pas après petit pas, je me rendais trois fois par semaine à son domicile, où il exerçait. Il habitait à l'époque non loin de chez moi. Cela aussi, Maud avait dû le prendre en considération quand elle m'avait choisi un praticien, car j'étais bien incapable d'utiliser les transports publics, ne parlons pas du métro !

Après quelques instants passés dans la salle d'attente à remâcher en moi-même ce que m'avait dit mon amant, ce qu'il ne m'avait pas dit, ce qu'il m'avait fait, pas fait, ce que j'avais répondu, pas répondu et ce que je lui dirais le lendemain, j'entrais dans le cabinet de mon analyste, je m'asseyais et je parlais.

Que me répondait-il ? Je n'en ai pas souvenir. On dit que c'est là le signe d'une analyse réussie, tout s'efface, tout s'oublie, les choses mises en bonne place tombent dans l'inconscient.

En tout cas, au fil des semaines, mes pas dans la rue se firent plus assurés, j'avais moins peur en public, vint même un moment où je pus à nouveau partager des repas. Mes « symptômes », comme on dit, s'atténuèrent.

J'ai omis de dire que je ne parlais à personne de ce traitement — surtout pas à l'homme de ma vie. Non par pudeur ou un quelconque sentiment de honte, mais parce que je me sentais encore trop fragile pour faire face à l'étonnement, aux critiques, à la curiosité, fût-elle bien intentionnée, comme aux plaisanteries que j'estimais inévitables si je l'avais fait.

Il me fallait le secret.

15

Une question m'est très souvent posée : « Dites, ça se passe comment, le premier rendez-vous chez le psychanalyste ? »

Cet intérêt pour « la première fois » m'étonne : à mon sens, ce sont les rendez-vous qui vont suivre, et en particulier le dernier, celui où l'on décide que les choses ont suffisamment changé pour qu'on arrête (à quoi s'en aperçoit-on ?), qui devraient intriguer.

J'ai fini par comprendre que ce qui suscite la curiosité, et aussi inquiète, c'est qu'on continue de penser que le psychanalyste, démiurge ou gourou, va d'emblée 1° vous percer à jour, 2° tenter de vous prendre en main.

On va se retrouver en son pouvoir !

Cette crainte n'est pas infondée, elle provient de la perception que nous avons d'une autre force en nous, laquelle nous maintient effectivement en son pouvoir : l'inconscient.

Nous redoutons que l'analyste, qui travaille sur

l'inconscient, possède le moyen de faire alliance avec lui, contre nous ! Dès le premier rendez-vous !

Je suis tout à fait disposée à le reconnaître, il y a des analystes qui sont des charlatans. Ce ne sont pas forcément des bonimenteurs de foire ayant pour objectif d'abuser de la crédulité du pauvre monde, en particulier des souffrants, mais surtout des gens qui n'ont pas été bien analysés. Chez qui subsistent des zones d'obscurité quant à leur désir d'être analyste, qui cherchent dans cette fonction une revanche à prendre, du pouvoir sur autrui, ou à se prouver que tout le monde est nul. Ou abject. Ou n'importe quoi qui les arrange dans la conception qu'ils se font du monde.

Comment se protéger contre les charlatans de l'être qui font, à juste titre, plus peur que ceux qui n'en veulent qu'à notre argent ?

On peut d'abord procéder comme on le fait pour un chirurgien : se renseigner. Car parmi les hommes qui œuvrent sur notre chair, il en est de plus dangereux encore que des analystes : une fois anesthésié et sous leur scalpel, on ne peut pas prendre la fuite ! Alors qu'en analyse, technique par la parole qui n'a rien à voir avec l'hypnotisme, on y parvient.

On doit donc interroger les confrères, d'anciens patients si l'on en trouve, et, surtout, tenter d'en juger par soi-même. Avant d'entrer en analyse, on obtient un rendez-vous, parfois plusieurs, au cours desquels les deux personnes se parlent normalement.

L'analyste, pour sa part, jauge le demandeur — les analystes, pour des raisons qu'ils n'ont pas à justifier, peuvent refuser certains clients — et ce dernier, de son côté, a tout loisir de prendre la mesure de son analyste.

Et si le thérapeute reste dans le silence, comme les analystes dits lacaniens ?

A vous de voir, justement, si ce silence vous agrée ou, au contraire, vous répulse. Mais restez convaincu que vous n'êtes pas obligé de vous entendre avec qui vous « ne vous entendez pas ». Car c'est de cela qu'il s'agit, dans un traitement analytique, arriver à s'entendre soi-même à travers quelqu'un d'autre.

Nous sommes des êtres singuliers, tous dissemblables — et ce qui est recherché, en analyse, c'est de parvenir à s'accepter dans sa plus grande singularité, de naissance, de désir, d'histoire. Alors, si celui-là, avec tout son prestige, ses livres, ses séminaires, ses diplômes, ne veut pas vous entendre là où vous avez besoin, envie d'être entendu, cherchez-en un autre.

— A ce régime-là, à la moindre anicroche avec son analyste, on se lève et on se tire ?

En pratique, il s'avère que non.

Nous sommes tous « uniques », c'est certain, mais il y a quand même de grandes lois qui se dégagent quant au fonctionnement de l'esprit humain. Ce qui permet de parler de « science » de l'être, à propos de la psychanalyse, laquelle est encore en enfance — un siècle à peine — mais ne cesse de progresser.

Une de ces lois, à laquelle j'adhère pour mon compte, c'est qu'il existe en chacun de nous « un témoin authentique de l'être ». Nous savons tous, au fond de nous, ce qui est juste et injuste, bien ou mal. Cela ne signifie pas que nous n'ayions pas des complicités avec l'injuste et le mal. L'humanité passe même une grande partie de son temps à prouver que sous prétexte d'« obéir aux ordres », elle est capable du pire.

N'empêche que même au cœur du crime, chacun continue, sauf s'il est totalement pervers et perverti, à savoir que c'est mal.

Certains des SS qui prenaient par les pieds les bébés des ethnies qui ne leur revenaient pas pour leur faire éclater la tête contre les murs savaient que c'était mal. Atroce. Criminel. Et qu'ils méritaient la mort pour l'avoir fait, même s'il s'agissait d'ordres explicites venus du plus haut degré de la hiérarchie.

Parce qu'en morale il n'y a pas d'entité placée plus haut que nous-mêmes. Si nous ne le savons pas encore, nous avons à l'apprendre et à le découvrir, en analyse justement.

Et face à un analyste pervers ou charlatan, nous savons très bien, au fond de nous-mêmes, qu'il agit « mal ». (Ainsi ceux qui se permettent, par exemple, d'abuser de leurs clients ou de leurs clientes, cela existe, bien sûr.) Pareillement nous avons su, tout enfant, quand nos parents se conduisaient avec nous en sadiques ou en pervers, ce qu'il en était. Nous n'avions pas la force ni le droit de leur désobéir ou de les quitter. Mais nous savions qu'ils étaient en tort, parfois même meurtriers à notre égard.

Maintenant que nous sommes « grands », nous avons tout à fait la force de lâcher un analyste. Dans son cabinet, nous ne sommes pas enfermés dans un asile, il n'y a pas de barreaux, ni de camisole de contention, qu'elle soit physique ou chimique. Il n'y a qu'à se lever, ouvrir la porte et s'en aller. Sans proférer un mot, si tel est notre bon plaisir. Et si nous ne désirons pas payer cette ultime séance, personne ne nous courra après.

Tel est le contrat de l'analyse : vous pouvez vous en aller à n'importe quelle minute. Et ne jamais revenir, même si le rendez-vous suivant est déjà pris.

Il fallait que ce soit dit avant d'en revenir à moi, à mes « premiers rendez-vous » et au début de ma cure.

16

Tous ces jours où, à raison de trois fois la semaine, je me rendis chez Christian, n'en forment plus qu'un dans ma mémoire !

C'est qu'il ne se passa pas, il ne pouvait pas se produire d'événement important. Le drame avait lieu à l'intérieur de mon être, tombé d'un instant sur l'autre en subite déconstruction.

Je cherche comment décrire cet état de délabrement, resté inaperçu d'autrui. Si les images sont si difficiles à trouver c'est que nous ne savons pas comment nous fonctionnons quand « ça va », quand nous nous sentons « bien dans notre peau ».

C'est d'ailleurs ce que j'appris de plus clair, après l'incident du métro, sur lequel je ne cessais de revenir au cours de mes premières séances. Pour pouvoir me produire dans le monde, le mien, j'avais dû me constituer une personnalité, me forger des défenses, une image impénétrable à disposer comme un bouclier entre moi et les autres. On pourrait dire un cocon. Oui, mon cher moi n'était qu'une sorte de cahute, faite de branchages, de matériaux divers, que j'avais assemblés, comme un oiseau bâtit son nid, une larve sécrète sa chrysalide, depuis le premier jour de ma naissance.

Or voilà que mon abri, ma forteresse, avait volé en éclats. D'un seul coup, je me retrouvais nue. Sans carapace et sans défense.

Terrifiant, bien sûr, mais non sans une sorte de beauté qui est celle de la vérité.

Mes protections habituelles, mes cuirasses, étaient des mensonges. Quand je me présentais tout sourires face à quelqu'un, mon baiser, ma poignée de main, mes paroles de bienvenue étaient autant de parades, de mesures d'avertissements qui signifiaient : « Tu n'iras pas plus loin. Méfie-toi, je suis armée tout autant que toi ! »

Là, toutes mes défenses étaient tombées et je me retrouvais incapable d'attaquer ou même de me garder de qui que ce fût. J'évitais d'ailleurs les rencontres, et si je devais me rendre à une réunion de travail, je me débrouillais pour me mettre toujours en bout de rang, le plus près possible de la sortie.

Un rien, un mot, un regard et je pouvais basculer.

Toutefois, et c'est là le plus étrange, l'inoubliable, ce que je répétais à l'analyste qui ne semblait pas s'en émouvoir, je me sentais beaucoup plus aimable qu'avant !

Oui, dépourvue de cette espèce d'attirail, d'artifice, derrière lequel j'avais pris, comme tout le monde, l'habitude de m'abriter pour aborder autrui, je me retrouvais enfin moi-même, au maximum de ma sensibilité et de ma vulnérabilité, mon âme mise à nu.

D'accord, c'est invivable et je n'aurais pu soutenir indéfiniment cet effort pour ne pas mourir d'une trop forte exposition. Mais combien il est important de l'avoir perçu.

Je me souviens, en particulier, de la violence de mes réactions devant les images de la télévision. Pelotonnée devant mon écran, je me retrouvais plongée, sans raison apparente, dans un soudain marasme, un effroi, et il fallait que je m'interroge pour me rendre compte que je venais de voir un arbre mort par exemple, ou un rideau de pluie. Une fois, j'éprouvai un inexplicable sentiment de soulagement : or seuls des poteaux télégraphiques venaient de défiler sur mon écran ! Il me fallut un moment pour comprendre qu'ils signifiaient communication et qu'y arriver était justement mon espoir.

Ce fut une révélation : les symboles n'ont donc pas besoin d'être décryptés pour nous affecter ? Nous sommes tellement cuirassés contre eux que nous n'y réagissons plus. N'empêche que toutes les images émanant de l'environnement, qu'elles soient langagières, visuelles, auditives, nous font du bien ou du mal. Ce que n'ignorent pas les éducateurs et les primitifs, et ce qu'utilisent les idéologues et les publicitaires à leur profit. C'est au nom de la liberté d'expression que les sociétés modernes laissent passer le langage des signes qui affectent l'inconscient. (Pour moi, je n'hésite plus à me protéger, il y a des images de supplice ou d'horreur, des discours du mensonge et de la haine, que je ne veux ni voir ni entendre. Savoir qu'ils existent et lutter contre me suffit.)

Sous prétexte que notre civilisation a combattu pendant des siècles contre les superstitions de tous ordres, nous nous croyons plus forts que les symboles, mais nous ne le sommes pas. Ils nous travaillent à notre insu.

A ce moment-là, j'étais totalement leur proie.

Dans la rue — je ne m'y aventurais que pour me rendre chez Christian — je m'écartais des passants tant j'avais peur que quelqu'un me parle, et le sol vacillait toujours sous mes pieds, comme dans un perpétuel tremblement de terre.

Si la sensation s'atténua, le symptôme me dura longtemps. Encore maintenant, quand le sol se dérobe pour de bon, parce qu'une planche bascule, le terrain est mou, aussitôt j'ai l'angoisse au ventre — ça recommence donc ?

Car c'est mon ventre qui prenait en premier : un choc au plexus qui me pliait en deux, les avant-bras serrés contre mon estomac. (Plus tard, je découvris en effet que c'était au ventre que j'avais été blessée, dans ma toute petite enfance et à l'âge de la puberté.) Même si tout vacillait, il fallait alors que je marche, que j'avance le plus vite possible.

J'avais en effet constaté que l'angoisse est beaucoup plus violente quand on demeure immobile, au contraire l'effort physique aide à la contenir. (Y a-t-il une explication ?) Ainsi, je me sentais mieux quand j'empruntais une rue qui montait : je soufflais, me donnais de la peine, et j'avais un peu moins « peur ».

Ce qui m'était tout à fait impossible, c'était de manger avec autrui. (Ah ! voir s'ouvrir leur bouche...) M'asseoir à une table me terrorisait. Je me revois, dans mon ex-belle-famille, entourée d'affection, et me demandant si j'allais pouvoir tenir jusqu'au bout du repas. (Je trouvais d'ailleurs des prétextes pour me lever une ou deux fois, comme aller chercher quelque chose à la cuisine ou dans mon sac.) Le pire étant lorsqu'on m'adressait la parole : toutes ces dents, ce filet de salive...

Avais-je fantasmé dans mon enfance que les adultes, ces ogres géants, cherchaient à me dévorer ? Manifestement, je le redoutais encore.

Bien sûr, je n'en laissais rien transparaître, car si je faisais confiance à l'analyste, je craignais encore de déclencher chez autrui, si j'avais le malheur de révéler mes anxiétés et mes vertiges, les mêmes réactions que chez ma mère. Leur inquiétude m'aurait irrémédiablement rendue folle, j'en étais presque au bord. Il fallait, au contraire, que je « joue » la tranquillité, le bien-être. S'y trompa-t-on ? Il semble que oui. Je devais avoir un grand, un bien précoce entraînement dans l'art de cacher mon mal.

A notre première entrevue, Christian avait proposé de me prescrire quelques tranquillisants. J'avais refusé. Je sentais d'instinct que je devais disposer de toute ma force d'esprit et de concentration pour lutter. Me maintenir sous contrôle.

Avec le recul, je me dis que je devais être assez pitoyable, luttant sans appui — je vivais seule, avec un chat. Sans amitiés véritables.

Je ne cherche pas, à posteriori, à émouvoir sur mon sort mais je tiens à dire que, sur ce plan aussi, grâce à ma propre expérience, j'ai pu comprendre quelque chose qui échappe à la plupart : à quel point une jeune femme, logée dans les beaux quartiers, issue d'une famille qui connaît du monde, en fréquentant elle-même, peut se retrouver d'un instant sur l'autre désespérément sans personne pour s'inquiéter d'elle et la secourir.

On m'aimait, pourtant. Et si j'avais échoué à me tirer d'affaire, ma mère, mon père, quelques autres, dont peut-être mon ex-mari, s'en seraient trouvés extrêmement malheureux. Mais ils n'étaient pas là, n'avaient pas su l'être.

Pas plus que l'homme que j'aimais, à ce moment-là, et qui m'aimait.

17

Cet homme-là ne m'avait pas dit : « Je vivrai avec toi », encore moins : « Je t'épouserai. » Il avait été parfaitement honnête et sincère, sur le plan des mots.

Mais que sont les mots quand on aime ? On n'entend que ceux qui vous flattent, on laisse tomber les autres, s'attachant à des gestes, des regards, le présent.

Il était là, j'étais là. Nous étions unis par le vécu. En plus, il me disait qu'il était bien. Alors pourquoi soudain se levait-il pour partir ? Mais parce que...

Dialogue de sourds.

Quand je relis ma correspondance, celle-là ou une autre, avec le double de certaines de mes réponses, ou les lettres que je n'ai pas envoyées, l'évidence, désormais, me saute aux yeux : mes amants et moi vivions dans des mondes absolument différents. A travers les tendres formules, qui, sur l'instant, m'avaient transportée — comme tout le monde, je commençais par lire l'en-tête, « mon amour », pour sauter aussitôt à la fin « comme tu me manques ! » —, la rupture était annoncée.

Si un homme ne vous donne aucune précision sur ses projets, vous parle avec un certain enthousiasme d'un voyage dans une ville étrangère où il villégiature sans vous, vous décrit sa vie de travail mais sans vous y associer, c'est manifestement qu'il ne désire pas aller plus loin. Ni rompre, sinon il n'écrirait pas du tout. Il désire seulement que ça continue comme ça.

Et moi qui comprenais si bien ce qui était sous-entendu dans un texte imprimé, je ne saisissais rien, mais rien, aux intentions pourtant éclatantes de mon amoureux.

— Il m'a dit... Je lui ai répondu... Et puis hier il m'a redit... Ensuite j'ai répliqué... Mais au fond, je n'ai trouvé la bonne réponse qu'après son départ... Il faudra que je le lui dise demain...

Séance après séance, c'était ce genre de propos, fastidieux, répétitifs, ne menant nulle part, que je dévidais à mon analyste. Il me disait : « Oui »... Quelle admirable patience ! Plus tard, il m'est arrivé d'écouter des amies, vivant une situation similaire, me rapporter par le menu des conversations qu'elles venaient d'avoir avec les hommes de leur vie, lesquels toutefois ne voulaient pas vivre avec elles. Des femmes de grand talent et même de grande intelligence.

Aussi démunies devant l'amour, enfantines, sans ressort que moi.

Je me souviens de l'une d'elles me répétant : « Il doit y avoir quelque chose à lui dire, j'en suis sûre, des mots qui le convaincraient, je les cherche, mais je n'arrive pas à les trouver... »

La pauvre était certaine qu'il existait un « sésame ouvre-toi » pour forcer le cœur et la volonté de son amant et qu'en réfléchissant bien, elle si créative par ailleurs, elle allait le découvrir.

C'est étrange comme nous croyons au pouvoir des mots !

C'est vrai qu'ils en ont, mais peut-être pas de la façon que nous l'imaginons. Les paroles que je disais à cet homme, quand nous étions ensemble, étaient, en fait, dépourvues de portée, parce que moi non plus je ne voulais rien changer à la situation, c'est-à-dire que je ne voulais pas qu'il me quitte.

Je ne voulais pas être abandonnée.

Françoise Dolto répète que le pire des malheurs, pour un être humain, c'est d'être abandonné. Ceux qui ont adopté un chien perdu savent aussi à quel point la pauvre bête ne les quitte pas d'une patte et comptabilise, si l'on peut dire, tous les regards qu'ils jettent ailleurs que sur lui. Ne sommes-nous pas, du fait de notre faiblesse originelle, des chiens perdus ? Être quitté, c'est en tout cas la terreur fondamentale du bébé qui sait qu'il ne peut pas assurer seul sa survie.

Mon père ne m'avait pas « abandonnée », bien sûr, mais, puisqu'il divorçait, il avait bien fallu qu'il nous quitte. Cela s'était fait comme en ce temps-là, sans un mot d'explication aux enfants et depuis lors je m'étais installée dans le qui-vive : qui allait m'abandonner, quand ? Il m'est arrivé de faire comme Gribouille : de rompre la première de peur d'être quittée !

A ce moment-là, j'étais sur la corde raide et je me sentais incapable de prendre le risque d'être lâchée par mon amant. (L'analyste, qui devait le savoir, ne me le suggéra même pas.)

Avec mon compagnon, comme autrefois avec ma mère, je me contraignais à ne prononcer que des paroles émoussées, ne dire que ce qui ne pouvait pas faire de mal, qui ne changerait rien entre nous. J'étais passée maître dans l'art de l'évitement puisque c'était ce qu'il souhaitait et si j'avais parfois un éclat, il était rare, vite réprimé. Lui non plus ne désirait pas rompre, car il feignait de n'avoir rien entendu de mes reproches. Ou de les oublier sur-le-champ.

Ces plaintes, j'allais les répéter chez Christian. Toutefois, dans le face à face analytique, je n'hésitais pas à exprimer jusqu'au bout ma douleur, car je ne craignais pas que Christian m'abandonne, lui, puisque je le payais.

Ceux qui persistent à dire : « C'est bien cher une psychanalyse et d'ailleurs pourquoi paie-t-on des gens qui prétendent nous aider ? Dans une société vraiment humanitaire, on ne paiera plus son analyste, il vous assistera gratuitement », n'ont pas éprouvé l'immense sentiment de sécurité qu'apporte le fait de payer.

Après tout, si j'avais pu payer mon amant, j'aurais peut-être éprouvé moins d'angoisse ! Mais l'argent n'avait pas cours entre nous.

18

Au bout de quelques mois, Christian me dit d'une voix posée : « Je pense que le temps est venu, si vous le désirez, d'aller sur le divan...

— Eh bien oui, dis-je, pourquoi pas ? »

Je me sentais légèrement excitée à l'idée de ce changement de situation, je pourrais dire de position, sans bien mesurer ce que le fait que Christian me le propose signifiait : j'allais mieux, plus exactement j'étais « assez bien » pour commencer une analyse.

Car tout le monde n'est pas en état d'en entreprendre une, du moins à certains moments. L'analyse, on le sait, vous met en face de vous-même. Il y a de quoi se retrouver fou !

— Simplement, ce ne sera pas moi.

— Comment ça ? Pourquoi ?

Je n'ai pas su le pourquoi mais c'était sa liberté, l'analyste en a une comme son patient. Christian m'indiqua alors quelqu'un, il est vrai de plus chevronné, d'après lui apte à me convenir, si j'en jugeais ainsi après l'avoir vu. Si je voulais bien le voir.

Il s'appelait Serge, il exerçait à trois stations d'autobus de chez moi et je l'avais rencontré une fois — ce que j'avais oublié — chez Lacan.

Puisque Christian, en qui j'avais une totale confiance (ne fût-ce que parce que j'avais vitalement besoin à ce moment-là d'avoir confiance en quelqu'un), me le proposait, j'y allais.

On voit à quel point la « qualité » de l'analyste, à certains moments, est primordiale. Que l'un ou l'autre de ces hommes m'ait fait défaut, déçue, trompée, trahie (même pas exprès) et je sombrais.

Par bonheur, le fil qui les reliait non seulement entre eux mais à leur profession était solide. Ces hommes, je fus plus tard en mesure d'en juger, avaient fait le choix de se dédier à la souffrance humaine dans la conviction qu'elle a un sens et qu'elle peut être soulagée, et je leur dois une infinie reconnaissance d'être ce qu'ils étaient.

C'est d'ailleurs parce que je me sens une dette à leur égard, comme envers leur discipline, que j'écris ce que j'écris aujourd'hui. Pour qu'il soit dit que sans eux je ne m'en tirais pas. Et pour raconter comment ils s'y sont pris.

Si j'en parlais aujourd'hui avec l'un ou l'autre, je suis convaincue qu'ils me répondraient : « Mais nous n'avons rien fait qu'être là, c'est vous-même qui avez accompli le travail toute seule ! »

Certes, mais tout le monde n'est pas capable de

pratiquer « l'être là » avec cette force intérieure. (Parfois cet héroïsme.) Plus tard, je rencontrai Françoise Dolto et sa façon d'« être là » a achevé de me mettre en sécurité avec moi-même. Ce que plusieurs ont également découvert, entre autres pour l'avoir vue à la télévision où elle a étonné, réconforté la France entière.

Ces choses s'expliquent mal, elles se vivent.

19

Prendre rendez-vous avec Serge ne me posa pas de problème puisque Christian l'avait prévenu de mon appel et qu'ils avaient dû décider entre eux qu'à la demande de son jeune confrère c'était d'accord, il m'accepterait en analyse. Ce que Christian lui avait dit de moi, je l'ignorais, bien sûr, mais ça m'était bien égal.

Sans être capable de le formuler, j'avais déjà perçu, au cours de ma relation avec Christian, que l'analysant se parle à lui-même, plus qu'à son analyste, et que c'est cela l'important. Et non ce que l'analyste pense ou ne pense pas.

Il arrive souvent, dans la vie courante, qu'on dise à quelqu'un : « Est-ce que tu t'entends ? » Cela suffit parfois pour qu'il prenne conscience de l'énormité ou de la vérité de ce qu'il vient de proférer, sans s'en être rendu compte.

Un analyste vous répète : « Est-ce que tu t'entends ? » de toutes les façons possibles ! Et le jour où enfin on commence à s'entendre, à percevoir la voix de son véritable désir, occulté par la souffrance, la voix des autres, les mensonges, les faux-semblants, c'est alors qu'on se met à aller mieux.

Il en faut des séances, au fil desquelles l'analysant devient peu à peu analyste. « Son » analyste. Au début, il ne comprend pas du tout ce qui lui arrive, ce qu'il ressent, pourquoi il fait ci ou ça, dit ci ou ça.

Dans le cabinet d'attente de Serge où tout était tellement en ordre, bien épousseté, bien rangé, neutre aussi, des meubles de style dont on ne pouvait percevoir s'ils provenaient d'un héritage ou d'un goût personnel tant ils ne semblaient le choix de personne, je fus brusquement assaillie par l'angoisse.

Une sorte d'angoisse qui n'était pas suicidaire, comme celle que j'avais connue jusque-là, mais qui relevait bel et bien de la « frousse ». J'avais chaud, puis froid et une envie folle de déguerpir avant qu'il fût trop tard ! Passe encore qu'on éprouve ce sentiment dans la salle d'attente d'un chirurgien, mais d'un psychanalyste ! Qu'est-ce que je craignais de si « violent » ? Il ne pouvait rien arriver ici contre ma volonté, j'étais maintenant suffisamment informée pour le savoir.

En réalité, j'ignorais où j'en étais avec ma volonté, ce que je voulais, ce que je ne voulais pas, je me ressentais comme une pâte molle et je craignais que l'analyste ne s'en aperçoive. Et puis j'étais si remplie à ras bord de souffrance qu'il me semblait qu'à peine en face de lui j'allais éclater en sanglots. Et cela ne me paraissait pas digne. Pas digne de moi.

Puis Serge ouvrit la porte et je n'éclatai pas en sanglots. Cet homme n'était pas dieu tout-puissant, c'était un être humain. Il ne savait rien de moi, ses premières questions me le prouvèrent et je me sentis comme à l'abri derrière « son » ignorance ! Cela me donna le temps de me rassurer, de m'apprivoiser. De prendre mes marques, comme on dit d'un sportif qui s'apprête à sprinter. Je ne me sentais pas percée à jour, et même je trouvais qu'il n'en savait pas assez, qu'il mettait du temps à comprendre ! Il ne faisait aucun effort pour deviner à demi-mots, il voulait les mots tout entiers, et aussi les phrases ! Et que je les répète ! (Ce qu'on peut se répéter en analyse !) Cela m'obligea à me concentrer pour m'exprimer de mon mieux, le plus clairement possible, au plus près de mon ressenti et c'est vrai que c'est un « travail », et pendant qu'on s'y emploie on ne divague pas dans tous les sens, on se rassemble, commence à se structurer.

Serge me donna ainsi deux ou trois rendez-vous en face à face, au cours desquels je m'habituai au lieu, au quartier, à la physionomie de l'analyste et aussi à sa voix, à la fois douce et ferme. Décidée. Il semblait savoir où il allait, lui, si moi je ne le savais pas pour mon compte.

Dès le départ, je lui avais parlé de cet homme, avec lequel je n'arrivais ni à rompre ni à vivre, et le fait qu'il y eut quelqu'un entre nous me semblait une protection : je n'allais pas tomber amoureuse de mon analyste, comme on lit dans les livres, puisque j'aimais ailleurs ! (On voit comment le transfert que j'avais fait sur Christian était prêt à se reporter sur Serge !)

Toutes ces petites pensées papillonnent et occultent, pour l'analysant, ce qui est vraiment en jeu : la découverte à faire par la parole de la façon dont il s'est construit et de ce qui provoque sa souffrance, plus forte que la moyenne, intolérable, puisqu'il est venu là pour en parler.

Puis Serge me dit :

— La prochaine fois, si vous le voulez bien, vous irez sur le divan.

Je hochai la tête. A partir du moment où j'avais fait confiance à quelqu'un, je voulais bien tout ce qu'il voulait. C'était ça, aussi, mon problème. Et si j'avais été assez au clair avec moi-même, j'aurais pu me dire, en me voyant prête à accéder à toutes les demandes de Serge : « Bizarre, tu lui fais confiance ! Pourquoi ? »

S'interroger sur ses sentiments envers l'analyste, lesquels évoluent au cours du traitement, fait partie de la cure, mais je n'en étais pas arrivée là et je me contentais de me dire in petto : « Attention, conduis-toi bien ! » Toute mon enfance, mon adolescence, je m'étais dit : « Conduis-toi bien », ce qui signifiait : « Obéis à la règle des autres, respecte ce que tes aînés, les adultes, te demandent, garde tes pensées pour toi, ne dis rien de choquant ou d'irrespectueux... » Dans l'ensemble, pendant plus de trente années, et avec l'aide de quelques cachotteries quand je ne pouvais vraiment pas faire autrement, j'avais obéi à la règle. J'avais été, comme me le disait mon père quand je le voyais, « une bonne fille ».

Cela suffit-il ?

20

Que j'étais loin de savoir ni même de soupçonner ce que pouvait bien être ma vérité le jour où, pour la première fois, je me suis étendue sur le divan de Serge ! C'était — date mémorable ! — en mai 68.

J'ai le souvenir bien précis de cet instant : à peine allongée sur le divan, je projetai aussitôt mon bras gauche droit derrière moi, par-dessus le coussin et le dossier du divan, pour tenter de « toucher l'analyste ». En somme mon premier acte fut pour transgresser la règle fondamentale !

Celle qui veut que tout se passe par la parole et non en geste.

Ce fut plus fort que moi, un réflexe !

Je n'y parvins pas, je ramenai mon bras le long de mon corps et au lieu de me dire : « Mais c'est très intéressant, ce que tu viens de faire là ! Qu'est-ce que ça signifie ? Tâche de comprendre, d'analyser, puisque tu es là pour ça », je me contentai de m'excuser.

— Oui, dit Serge.

Alors je creusai le seul élément à ma disposition, mon « ressenti » : j'avais eu peur, lui dis-je, horriblement peur de me retrouver « toute seule » à partir du moment où je ne le voyais plus. J'avais voulu vérifier que nous étions bien toujours ensemble !

— Oui, me dit-il.

C'est seulement maintenant que je suis capable d'analyser que ce que j'avais cherché derrière moi en tendant le bras dans la direction de mon interlocuteur invisible : c'était le cordon ombilical, constater qu'il n'était pas coupé. Le cordon imaginaire qui me reliait toujours à ma mère et sans lequel je ne pouvais littéralement pas vivre. (En face à face avec l'analyste, le cordon était représenté par son regard lié au mien.)

Mais cela, je ne le savais pas. (Pas plus que je ne me rendis compte que d'un instant sur l'autre l'analyste, un homme, était devenu ma mère !)

J'étais même convaincue que ma mère, il y avait belle lurette qu'elle ne comptait plus à mes yeux que pour ce qu'elle était, une personne à qui je devais de l'affection, du respect et de temps en temps un peu de présence.

Mais à l'âge que j'avais, elle n'avait plus, pensais-je, aucune influence sur mon existence. La preuve, je ne lui avais appris mon divorce qu'une fois le jugement rendu, et elle n'avait pas la moindre idée de ma situation affective. Ni que j'étais si malheureuse.

Ma mère, des clous !

Pourtant c'était elle que j'avais réclamée, au point de transgresser la règle, une demi-seconde à peine après m'être étendue pour la première fois sur le divan du psychanalyste !

Je ne l'avais pas fait par la parole, je n'en étais pas capable. Ma mère n'avait pas accédé encore à mes mots ni à mon discours. Je n'avais nulle conscience de notre lien et qu'il était resté indissoluble, inscrit dans ma chair depuis ma conception, ma naissance, comme si jusqu'ici il ne s'était trouvé personne pour « couper le cordon ». C'était elle, ma souffrance.

21

Ma mère. Qui était-elle, qui est-elle ? A-t-elle été heureuse ou malheureuse ? M'a-t-elle aimée autant que je l'ai aimée, plus, ou alors tout autrement : pour elle, rien que pour elle, comme tant de mères aiment leurs enfants ?

Je disais l'autre jour à une amie, plus apte à comprendre que personne :

— Ce qu'il y a d'étrange avec ma mère, c'est qu'elle avait un sens extraordinaire de la qualité d'un meuble, d'un tissu, d'un bâtiment, d'une œuvre d'art — à condition qu'elle fût classique —, d'un ingrédient culinaire, d'un plat, et elle se trompait sur les gens. En réalité, elle n'avait pas de jugement quant aux personnes, elle se laissait éblouir par leur façon de parler, de s'habiller, et du moment que quelqu'un se montrait courtois à son égard, elle disait : « Comme il est gentil ! » Et la voilà conquise ! Ce qui, dans ses affaires, lui a souvent coûté cher.

— Ta mère savait reconnaître les objets, mais pas les sujets, me dit mon amie.

Voilà qui me rend songeuse ! Ma mère, toute sa vie, ne m'aurait-elle aimée qu'en tant qu'objet ? A-t-elle jamais eu l'intuition qu'il y avait en moi un « sujet », ou du moins quelqu'un qui aspirait à le devenir ?

Pendant mes premières années d'analyse, j'avais bien sûr beaucoup parlé d'elle, je pensais qu'il convenait de le faire, pour tenter de la comprendre, la situer par rapport à moi.

J'avais d'abord dit à Serge à quel point ma mère, toujours absente ou alors possédée par sa création, m'avait « manquée ». J'en concluais que j'avais été une enfant presque abandonnée, en tout cas à elle-même.

Puis, le temps passant, quand j'ai commencé à m'interroger systématiquement sur mes origines, je me suis aperçue que cette femme de plus de trente ans mon aînée représentait pour moi l'amour. La passion de ma vie — peut-être la seule. A creuser plus avant, ce fut pour se révéler peu à peu la personne qui m'avait fait le plus souffrir, n'aimant qu'elle-même, cadenassée dans son être, quasiment autiste, comme tous les génies. Elle en était un dans son métier : la création de modèles pour la couture.

Avec le soutien de l'homme qui m'écoutait, je découvrais que cette femme, le charme et la séduction incarnés, n'avait jamais pris tout à fait conscience de mon existence de sujet indépendant. J'étais avant tout sa chose, à laquelle elle aurait donné facilement tout ce qu'elle possédait, mais qu'elle se refusait à lâcher.

Toutefois, quand le temps a fait qu'elle s'est relativement absentée du monde réel, c'est moi qui me suis accrochée à son image. Rêvant — je continue à beaucoup rêver de ma mère —, ratiocinant à son propos, collectionnant sur mes murs et dans des albums les photos de sa jeunesse, recherchant des témoins qui me parlent de ce qu'elle fut !

Ça n'est pas fini ! Encore récemment, j'ai fait en sorte de rencontrer une dame de plus de quatre-vingt-dix ans, Mme Conquy, qui m'avait écrit avoir travaillé avec elle chez Vionnet, rue de Rivoli, dans les années 20.

— Pouvez-vous vous rappeler, madame, la couleur des cheveux de Maman ? On m'a dit qu'elle était châtain avec des reflets roux, est-ce exact ?

Tant d'années après, une telle curiosité pour un détail ? C'est que d'autres m'avaient affirmé que Maman s'habillait souvent en vert, couleur favorite des rousses à l'époque, or moi, après l'avoir détesté, j'adore le vert !

Aurais-je voluptueusement posé ma tête, bébé, sur une épaule « verte » ? Dégrafait-elle un corsage couleur jade lorsqu'elle m'allaitait ? La seule robe de ce temps-là qui me reste d'elle est, en effet, d'un beau vert cru ! *« My salad days »*, fait dire Shakespeare à Cléopâtre, quand la reine d'Égypte évoque sa prime jeunesse. Quand je pense à ma mère, c'est la phrase qui me vient spontanément aux lèvres, tandis que la joie me monte au cœur.

Car l'important ça n'est ni le vert ni ma mère, mais la joie. C'est la joie qu'il me fallait trouver, en remontant, échafaudant, élaborant une histoire de ma vie toujours plus forte et plus indéracinable.

Pour ce faire, je devais commencer par m'allonger.

Puisque je ne tenais pas debout.

22

Je m'installais petit à petit dans mon état d'analysante, sans plus m'étonner d'une situation qui consiste à vivre sa vie deux fois : une première fois « pour de bon », une seconde en mots, dans le cabinet de l'analyste.

Cela devient plus qu'une habitude, une nécessité, à tel point que ce qui n'a pas été dit sur le divan paraît entaché d'inexistence.

« Mais je n'ai pas encore raconté quand mon père m'a promis de m'emmener sur le manège, qu'au dernier moment il ne l'a pas fait et que j'ai souhaité qu'il se casse une jambe ! » se dit-on hors séance, aussi inquiet qu'un pénitent qui n'aurait pas tout avoué au confessionnal ! Et de le noter pour ne pas l'oublier la prochaine fois.

On ne se sent à peu près tranquille que lorsque les souvenirs, les incidents de sa vie présente et passée ont finalement été exposés, engrangés dans l'espace analytique.

Quand j'avais le sentiment que c'était le cas —

et c'est toujours à reprendre —, il me semblait avoir accompli mon travail. Une sorte de flou, de désintérêt, presque d'envie de dormir, s'installait alors en moi. Pour l'instant, pour ma part, je ne pouvais rien faire d'autre. A la psychanalyse de faire son boulot.

Elle s'y met, la plupart du temps, sur des pattes de colombe. Comme dans la chanson : insensiblement. Ce qui fait qu'on peut prétendre, vis-à-vis de soi-même, avoir toujours été « comme ça ».

Il faut une sacrée dose de bonne foi pour se rappeler comment on était auparavant, ce qu'on sentait, ce qu'on disait et comme tout était obscur et pesant ! D'autant qu'on peut prétendre que les changements survenus sont dus à l'âge, à la prise de l'expérience, en somme qu'on en serait au même point sans la psychanalyse !

Qu'importe : ce qui est acquis reste acquis et l'analyste, contrairement là aussi aux médecins ou aux amis, n'attend pas votre gratitude.

Ou plutôt : il a appris à s'en passer. J'ai souvent vu Dolto toute heureuse parce que quelqu'un avait songé à lui écrire, des années plus tard, que la cure avec elle avait transformé sa vie : en mieux.

— Tu te rends compte, j'ai été utile !

Toutefois, le résultat, au sens analytique du terme, n'est pas la disparition d'un affect qui n'est que le symptôme d'un malaise plus profond. Ce qui signe la réussite de l'analyse, c'est l'ouverture du nouveau champ d'activité que cette délivrance permet et qui, lui, s'installe parfois avant l'effacement total de l'angoisse ou de la phobie qui nous handicapait.

La vieille croûte est encore là que la blessure est déjà cicatrisée et que le membre a repris toute sa souplesse.

C'est ce qui rend si difficile l'énoncé ou la constatation de la guérison, et renforce, à juste titre, les ambiguïtés de la psychanalyse et les oppositions qu'elle rencontre.

23

Au début, l'un des gros soucis de l'analysant, c'est qu'il se demande d'une séance à l'autre comment il va faire pour enchaîner !

Là, c'est d'un chapitre à l'autre que j'ai du mal : comment raconter une analyse sinon dans le désordre ?

Sur le divan, la chronologie n'a plus cours. L'on découvre, d'ailleurs, qu'elle est une sorte d'abstraction, à l'instar des mathématiques. Hier, demain, l'année prochaine seraient des notions imaginaires. On se projette dans un temps inventé et on y attire les autres, comme l'entomologiste fixe des insectes et des papillons sur une planche, ce qui facilite leur étude mais tue la vie.

En revanche, en analyse, adieu le temps des horloges et des agendas ! Quel soulagement, c'est une respiration plus profonde, presque un bonheur ! On énonce les choses comme elles viennent, saute du coq à l'âne, ce qui se révèle à tout prendre la meilleure méthode d'exploration de soi.

Et si l'on s'imagine qu'on va finir par remonter le temps, on se trompe. En tout cas, cela ne correspond guère à ce que j'ai ressenti.

Quand j'évoquais mon enfance, un épisode de mon adolescence, les premiers temps de mon mariage, je ne revenais pas « en arrière », j'interrogeais des « traces » parfois fossilisées, ou alors, au contraire, tout à fait vivantes, douloureuses, envenimées, qui subsistaient en moi de ce que j'avais vécu autrefois.

Dès que je cherchais à établir l'ordre dans lequel les choses avaient eu lieu, la plupart du temps je mêlais les dates, les événements se chevauchaient, se télescopaient. Si l'on s'en aperçoit, on émet un petit rire gêné et tente de se reprendre : « Ça n'est pas en telle année qu'est né mon père, en fait, celle-là, c'est l'année où mon grand-père est mort, je ne sais pas pourquoi j'ai dit ça... »

L'analyste, qui semble n'avoir rien écouté de votre tentative chronologique, vous pose alors une question qui paraît venir comme un cheveu sur la soupe : « Votre grand-père ne se lavait-il pas les mains avant chaque repas ? » Et vous voilà parti sur une tout autre piste, qui vous amène au fait que pour vous aussi le corps est « sale » et qu'au moment d'un accouchement...

Faire une analyse n'est pas se constituer historien de soi-même. Je vois plutôt l'analysant comme un géographe qui explore un terrain, en survol, à pied, s'enfonce dans des galeries, repère des strates, des

« accidents », des affleurements de couches différentes dont les plus anciennes se marient aux plus récentes.

L'objet d'étude de cet étrange géographe, c'est lui-même !

Plus troublant encore, le seul fait d'en interroger la topographie la transforme. Éboulements, remaniements, reconstructions, tout a lieu au fur et à mesure qu'on s'avance, s'égare, parfois recule épouvanté.

Pourtant, le volontarisme ne marche pas. Il m'est arrivé de me dire : « Cette fois j'y vais, je fonce dans le tas ! » Mais ce que j'avais envisagé de dire se défaisait devant moi, ce souvenir que je croyais tellement significatif laissait mon analyste indifférent. Alors je me délitais, me désespérais, je n'allais nulle part, n'arrivais à rien... Au-dessus de moi, les mots crevaient comme des bulles. C'était la totale déréliction !

Or c'est dans ces moments-là, quand la conscience lâche prise, que surgissent des images, un lambeau de phrase, un propos dit au hasard, et tout un pan de notre existence prend sens. Ou en change.

Parfois l'analyste réagit. Parfois pas.

24

Comme tout le monde, j'étais aux prises avec quelque chose qui avait grossi en moi sans que j'aie pu jusqu'ici l'exprimer : mon histoire.

Ce qui fait qu'à peine allongée sur le divan de Serge, j'entrepris de conter ma vie, en la prenant depuis son tout début. En introduisant des paragraphes et des chapitres, à l'instar d'un biographe de métier ! Je croyais que c'était ce qu'il convenait de faire. (Toujours le « conduis-toi bien », mon fil d'or à l'époque.) Lieu de naissance, premières années, études, mariage, divorce — pourquoi diable avais-je divorcé ? la question m'effleura mais je la repoussais —, mère omniprésente, père absent. A propos, a-t-on vraiment besoin d'un père ? Moi pas.

Je pouvais expliquer pourquoi j'avais fait ci ou ça et jusqu'à ce que l'épisode du métro vienne introduire une fracture, tout se tenait à la perfection dans mon histoire de moi-même. Les mots me venaient, je trouvais de jolies formules pour m'exprimer et je me découvris un talent de causeuse que je n'avais pas eu l'occasion d'exercer en public.

Tandis que je me laissais aller à pérorer, une chaude sympathie m'envahissait à l'égard de mon analyste, si silencieux dans mon dos : cet homme m'écoutait sans m'interrompre et je lui en étais reconnaissante. Je le lui dis et même je le remerciai d'être régulièrement présent à nos rendez-vous. Ce qui n'était que normal ! Mais ce fait, à lui seul, était pour moi un réconfort et me semblait digne de gratitude (m'avait-on à ce point manqué ?).

De plus, j'étais convaincue in petto qu'un tel homme, cultivé, élégant, raffiné, ne pouvait qu'apprécier ma désinvolture, mon intelligence, ma capacité, à l'occasion, de rire de moi. En somme, je me disais que je devais être en train de le séduire rien qu'en parlant et c'était une aventure nouvelle.

Remuer un homme le dos tourné et uniquement par la parole, quand on a plutôt l'habitude de jouer du regard, des jambes, de ses attitudes, de ses vêtements, c'est plaisant pour une femme !

Au bout d'un moment qui me paraissait toujours trop court, une demi-heure que j'avais appris à évaluer et je hâtais mon débit vers la fin pour en dire plus, Serge poussait un soupir, puis murmurait : « Ce sera tout pour aujourd'hui. »

Et, là, c'était le désenchantement : rien dans ses paroles ni dans son attitude ne laissait percevoir qu'il avait été sensible à mon charme ! Cachait-il son jeu ou s'en foutait-il complètement ?

Il me fallait en appeler à mon courage pour me lever et faire bonne figure. Après avoir déposé quelques billets sur son bureau, ce dont il n'avait pas l'air de s'apercevoir, déjà tourné vers la porte, je lui disais au revoir sur le seuil, en tâchant de capter son regard.

Que pensait-il, qu'éprouvait-il ? Je n'en avais pas la moindre idée. (N'en ai toujours pas.)

Dans l'escalier, l'unique sentiment qui me venait était, une fois de plus, que je m'étais « bien conduite ». J'avais fait ce que doit faire une excellente, une exquise analysante : parlé, payé, levé le camp, tout en me montrant de bonne compagnie... Et j'avais été si vraie, si sincère ! Je ne racontais jamais un mensonge et s'il me venait une « drôle » de pensée, agressive ou érotique, je me dépêchais de l'énoncer. Avec d'autant plus d'empressement que cela me gênait un peu.

La « chose » dite, je m'attendais à des félicitations pour ma vaillance, mais rien ne venait, pas même une marque d'étonnement.

Duel ou duo ?

Je ne me posais pas la question, je n'étais pas en mesure de le faire, ou plutôt : je ne le désirais pas.

Ce qui me rendait exacte à mes séances, trois fois la semaine, c'était le désir de démontrer à quel point j'étais parfaite. (Comme aussi ma syntaxe, mes tournures de phrase, mon vocabulaire choisi...) Personne ici ne pouvait rien me reprocher, pas même moi.

Ce souci de n'être jamais prise en défaut — j'attendais sur le palier pour sonner à la seconde juste —, c'était ma forme de résistance à l'analyse (chacun la sienne). Malgré moi, je faisais en sorte qu'il n'y eût pas de « trou » dans mon discours ou mon comportement, par lequel l'analyste aurait pu s'introduire et me donner une émotion que je n'aurais pas d'avance contrôlée ou maîtrisée.

Ce langage paraît sexuel ? Bien sûr, tout l'est dans l'analyse ! Car ce qu'il s'agit de remanier, ça n'est pas notre esprit, comme on l'imagine du fait que ça se passe dans le langage, c'est notre corps.

C'est là, dans l'organisation primitive de nos jouissances qu'est née la souffrance, parfois depuis le tout début, dans ce qui s'est passé au cours des premières perceptions, dans l'érotisation du corps par les premiers soins, son soma.

A l'époque prénatale, la morale se réduit toutefois à quelque chose de simple : ce qui est bon pour la vie est bon, ce qui est mauvais pour la vie est mauvais. A partir de quoi va s'échafauder, selon l'histoire et le tempérament de chacun, et parce que le petit humain est un être de langage et d'amour, une pyramide de complications et de contradictions !

Pour moi, si j'avais de plus en plus besoin de mon lien avec l'analyste, c'est qu'à mon insu il représentait ma mère. La grande figure rassurante, suprêmement possessive, la déesse unique qui avait présidé à mon premier développement.

Une fois même, je rêvai que je me trouvais sur les genoux de mon analyste et qu'il était ma mère. Encore novice, au lieu de me dire : « Eh bien oui, pour l'instant ton analyste est ta mère, tâche d'en profiter pour tirer un peu au clair tes rapports passionnels avec ta mère réelle », je me contentai d'être choquée, un peu troublée aussi : étais-je en train de tomber dans la perversion pour confondre un homme avec une femme ?

A la séance suivante, je m'empressai de conter à l'analyste ce rêve que je considérais comme un événement (presque une provocation, ne m'étais-je pas vue sur ses genoux ?) et j'attendis ses commentaires. Mais Serge ne pipa mot.

« Oui », dut-il me dire comme à son habitude, ce qui signifiait : « Continuez, associez. »

Or, dès que mon analyste sortait de son silence pour m'enjoindre d'aller plus loin, saisie, je m'arrêtais pile, quelqu'un d'autre que moi existait donc, je n'étais pas seule dans ma parole ! Qu'en penser ? Était-ce mieux ou pire ?

Il était trop tôt pour que je le sache. C'est dire à quel point, jusque-là, j'avais vécu dans la solitude intérieure, celle que magnifie Alfred de Vigny dans « La mort du loup », souffrance dont moi aussi je me faisais gloire, alors qu'elle est misérable.

25

Aux environs de ma trentième année, j'avais eu une illumination : « Les dés en sont donc jetés, m'étais-je dit, je vais passer tout le reste de ma vie dans le même corps, avec la même personnalité, le même cerveau, à nourrir les mêmes pensées ! »

Je me souviens d'avoir conclu : « C'est fini, j'ai pensé tout ce que je pouvais penser, j'ai même tout pensé de ce qu'on peut penser du monde ! » Après quoi, comme dans le poème de Baudelaire, l'ennui, le spleen, est tombé sur moi, pire qu'un couvercle.

C'est sur le divan que je me suis aperçue que je me trompais : je pouvais changer d'être ! De vie ! Et même de corps : le rapport que l'on entretient avec son corps se modifie, en analyse, et le corps en subit les conséquences. Cela peut aller jusqu'à une transformation dans sa morphologie (dans certains cas il se féminise, se virilise, ressemble plus à l'un ou l'autre des parents, ou moins, rajeunit), la santé aussi s'établit sur d'autres bases. J'allais également changer de rapports avec ma propre histoire, dans mes relations à autrui et jusque dans cette conception, forcenée, que je me faisais de l'amour.

Quelle aventure ! Mais au très long cours.

Avec le recul, je me rends compte que j'avais d'emblée reconstitué avec Serge le seul univers dans lequel je pouvais survivre : la « bulle » où je poursuivais mon rapport fœtal à ma mère. Ainsi, je l'ai dit, quand j'avais tendu le bras en arrière, la première fois que je m'étais allongée, c'était pour vérifier que mon « cordon », même s'il n'était plus matérialisé par le regard, fonctionnait toujours, que j'étais bien reliée.

Serge, c'est son métier, avait laissé faire. Il était là, corps, âme, esprit, pour que je cristallise sur sa personne ma façon la plus habituelle de me comporter avec autrui. Aux fins, justement, de l'analyser. Cela ne se fait pas sur-le-champ, ni dans la clarté.

C'est l'un des mystères de l'analyse, qui donne matière à rire aux sceptiques, l'analysant ne sait jamais où il en est, s'il progresse, s'il va mieux, ou pas du tout ! Et si certains traits de sa personne, qu'il vient de repérer, sont des signes de santé mentale, ou au contraire de maladie accrue !

Ainsi me mettre soudain à penser du mal d'autrui, moi qui m'en gardais bien — ne fût-ce que parce qu'on me l'avait interdit au catéchisme —, se dire que les autres, surtout mes proches, cherchaient à me dévorer, me manipuler, me détruire, et qu'ils y étaient presque parvenus, était-ce une manifestation de paranoïa ou, au contraire, une salutaire prise de conscience qui allait me permettre d'organiser enfin la défense ?

On passe par tant de phases, tant d'étapes, chacune ayant sa raison d'être, et on ne les perçoit pas forcément. (C'est à l'analyste de le faire à votre place — ou plutôt de sa place.)

D'une certaine façon, mon comportement était simple : ou les gens n'existaient pas pour moi, ou alors j'entrais en symbiose avec eux, comme je l'avais été avec ma mère.

Mais l'homme qui était à ce moment-là dans ma vie n'avait aucune envie d'être ma mère ! J'en conclus qu'il avait d'autres personnes à materner, ses enfants par exemple, ce qui me crucifia de jalousie : pourquoi « eux » et pas moi, qui en avais tout autant sinon plus besoin qu'eux ?

Mon drame était que je ne connaissais qu'une façon d'aimer et, sans m'en apercevoir, je la mettais en œuvre avec tous ceux que je rencontrais et qui me plaisaient.

Chez ces femmes tribales qui avaient présidé à mon éducation, il n'existait pas d'autre façon de se comporter avec les siens que la fusion mère/enfant, homme exclu : ma mère adorait sa propre mère, qu'elle avait gardée près d'elle jusqu'à sa mort. Maman répétait : « Il n'existe qu'un véritable amour au monde, celui d'une mère pour ses enfants ! » Toutes avaient d'ailleurs le culte de la Vierge Marie, qui avait enfanté, nous enseigne-t-on, sans avoir jamais été approchée par son Joseph de mari.

« Maman exagère, me disais-je, il y a aussi l'amour entre les hommes et les femmes, et c'est celui que je préfère ! »

Je croyais que cette déclaration suffisait pour me démarquer de la « névrose familiale » ; en fait, j'avais encore beaucoup à apprendre sur « les ruses de l'inconscient ». Ainsi, je ne me rendais pas compte que chaque fois que j'aimais un homme, je l'aimais comme un enfant aime sa mère et comme j'étais convaincue que ma mère m'aimait : absolument et sans réserve !

Du coup j'exigeais de mon amant (amant, maman) ce qu'un petit enfant est en droit d'attendre de sa génitrice : l'exclusivité ! Le dévouement total. Étais-je malade ? Il me fallait l'homme de ma vie à mon chevet, sinon il était pire qu'un traître. Une mère ne se doit-elle pas entièrement à ses enfants ? Et ne doit-elle pas se réjouir de tous leurs progrès, du moindre de leurs succès ? (Quand je découvris qu'un homme peut être jaloux des succès professionnels ou sociaux de sa compagne, je crus tomber de saisissement ! Dans ma conception de l'amour, mon compagnon ne pouvait qu'être heureux et fier de me voir progresser, et à l'occasion le dépasser, comme l'avait toujours été Maman !)

Puisque Serge avait accepté de jouer le rôle de ma mère dans ce psychodrame qu'est aussi une psychanalyse, j'attendais inconsciemment qu'il se conduisît comme tel.

Et je haïssais en vrac ses autres patients et tous les membres de sa famille. Il aurait dû n'avoir que moi à chérir, à recevoir, à écouter, mon assiduité à nos rendez-vous devait suffire à remplir et embellir sa vie. Est-ce que je ne le méritais pas puisque de mon côté je me donnais entièrement ?

On voit combien une névrose tient en même temps du délire et de la plus parfaite logique.

26

Longtemps, je me suis sentie inconsolable, et de tout ! D'avoir quitté ma mère, de ne plus avoir mon mari, d'avoir eu et rompu quelques liaisons.

Surtout, et cette souffrance actuelle résumait les autres, de devoir me séparer tous les jours, presque à heure fixe, de cet homme.

Quitter, être quittée, c'était comme la mort et je ne voyais vraiment pas comment il pouvait en être autrement pour quelqu'un de sensible. Je ne concevais que la fusion, comme critère de l'amour, et je me serais volontiers abîmée avec lui si ç'avait été la façon de m'unir à jamais à mon amant. De plus, je trouvais mon désir beau, respectable, et seuls les êtres de passion me paraissaient mes semblables. Les autres ? Des arrivistes.

Serge n'avait pas l'air impressionné par ma chronique d'un amour sans issue. Silencieux la plupart du temps, s'il prenait la parole, c'était pour m'enjoindre de lui raconter à nouveau mon enfance, mes souvenirs, les faits de ma vie quotidienne.

« Mettre en mots, c'est humaniser », répète Françoise Dolto.

Il y avait toutefois des choses que je ne pouvais pas mettre en mots sans sangloter, la gorge serrée, la voix coupée. La mort de mes pauvres chats, par exemple.

D'autres, dont j'évitais de parler tant je craignais de replonger au pire de mon angoisse : ainsi l'épisode du métro. J'eus même une phobie : celle de ne plus pouvoir prononcer un seul mot ! De rester à jamais muette. Définitivement aphasique. Du fait de l'analyse ! J'en chassais l'idée dès qu'elle voulait se présenter en séance, tant elle me terrorisait, et je n'ai pu la confier à Serge qu'une fois bien atténuée.

Je devais percevoir qu'à parler aussi librement j'enfreignais un interdit, un terrible tabou social et familial. Et par une superstition qu'on peut appeler sentiment de culpabilité, je craignais d'en faire les frais.

Alors je naviguais comme je pouvais entre le dire et le non-dire, l'avouable et l'inavouable, sans me rendre compte que les mots nous révèlent bien au-delà de nos intentions. Fût-ce dans le mensonge ou la mythomanie.

Est-ce aussi pour me dissimuler que je m'offrais parfois, sur le divan, un formidable luxe : être d'une absolue mauvaise foi ! Puis ça s'effritait et me laissait un trop mauvais goût dans la bouche pour que j'eusse envie de persévérer. Mais pendant un grand nombre de séances, je ne me suis pas privée d'expliquer en long et en large, à qui voulait m'entendre ou plutôt à qui ne m'entendait pas, tout le mal que m'avaient fait et me faisaient encore les hommes ! A travers un seul.

Tous des traîtres, sinon des lâches !

Je crois sur ce point pouvoir généraliser : nous les femmes, à partir du moment où à l'incitation d'un homme nous nous sommes « données », comme nous aimons à dire, nous nous considérons comme sans reproche et sans défaut.

En contrepartie notre partenaire se « doit » lui aussi à nous. Je reçois régulièrement des lettres de femmes me disant en substance : « Puisque je suis entièrement à lui, comment ose-t-il me tromper, me négliger et me faire autant souffrir ? N'est-ce pas une honte ? Donnez-moi votre avis ! »

Moi aussi, je considérais comme impardonnable que l'homme que j'avais élu ne fût pas tout à moi ! Pas plus que je ne pardonnais à Serge d'avoir d'autres patients. Ces deux-là étaient très coupables à mon égard.

Alors, pourquoi est-ce que je ne les quittais pas, l'un comme l'autre ?

Quitte-t-on sa mère, quand on n'est pas encore autonome ? Tant de femmes là aussi m'écrivent : « J'aimerais bien le quitter, mais il n'y a rien à faire, je n'y arrive pas ! » Comme pour moi à l'époque, l'homme de leur vie joue auprès d'elle le rôle d'une mère, laquelle a tout pouvoir sur leur personne.

Je me souviens à ce propos d'une réflexion de Dolto à qui je me plaignais de demeurer attachée à un homme en dépit de son comportement déplaisant. « Ne m'as-tu pas dit que ta mère n'était pas attentive à toi et que tu devais faire avec ? — C'est vrai. — Eh bien, ça doit venir de là, plus un homme te traite mal, plus tu te dis : tiens, c'est Maman ! Oui, plus un homme te fait souffrir, plus il te rappelle ta mère, ce qui te rassure quand même et c'est pour ça que tu restes avec lui. »

Dolto avait-elle raison ? Je pouvais bien percevoir les féroces mâchoires du piège, je ne savais pas qu'il s'agissait — si je puis me permettre — du vagin de ma mère !

Et je ne tentais rien pour en sortir.

Que pouvait-on d'ailleurs me demander de plus ? Ne faisais-je pas tout pour celui que j'aimais, jusqu'à la limite de mes forces ? C'était lui qui était en tort, pas moi !

Moi, j'étais la femme la plus aimante du monde. La preuve : je m'étais dit cent fois que s'il arrivait quelque chose de fatal à l'homme de ma vie — lequel pouvait varier, mais mon élan demeurait le même —, je ne lui survivrais pas dix minutes. Les balcons, la tour Eiffel étaient là pour ça.

Je revois avec précision la terrasse de l'hôpital d'où j'avais résolu de me précipiter si le subit accident cardiaque qui avait terrassé mon compagnon avait mal tourné !

En fait, je n'étais pas plus libre de vivre ou de

mourir que le fœtus qui dépend de sa mère ! Mais comme il était impossible à mon narcissisme d'envisager une réalité aussi vexante — alors qu'elle me paraît si simple aujourd'hui ! —, je m'étais forgé un mythe de l'amour idéal, fièrement démarqué de *Tristan et Iseut,* celui de l'amour à mort. (Tant de femmes continuent d'en être les victimes éblouies et consentantes !)

Dans le réel, je ne dépendais plus de ma mère, mais la coupure n'avait pas eu lieu sur le plan symbolique, personne ne me l'avait « signifiée » (c'est en principe le fait du père), et je la refusais.

Les mères animales, elles, savent donner un bon coup de dents à leur progéniture lorsqu'elles la jugent en mesure de se débrouiller seule : laisse tomber mes tétines et va voir ailleurs si j'y suis ! Mais ma mère, peut-être parce qu'à l'époque elle n'avait plus d'homme dans sa vie, seulement ses enfants, faisait tout pour nous « garder » grâce au pire des moyens de coercition, l'amour.

Sans percevoir le dangereux état d'immaturité dans lequel la persistance de ce lien au giron me maintenait, je trouvais délicieux d'être autant voulue, chérie, nécessaire.

Oui, en dépit de mes diplômes, de mon intelligence et de mes accomplissements, lesquels pouvaient faire illusion, je n'étais toujours pas née !

27

Ce que fut, au tout début de l'analyse, ma vie quotidienne, pouvait apparaître à un observateur extérieur d'une incroyable platitude.

Je végétais entre deux hommes, mon analyste et mon amant. Avec en plus un chat. Et une personne d'une extrême qualité, ce que l'on nommait à l'époque « une femme de ménage », une dame d'un âge avancé, victime de la guerre d'Espagne, nommée Pilar.

Tout mon problème était de trouver chaque jour la force nécessaire pour me lever, faire ma toilette et assumer les quelques tâches nécessaires à l'entretien du quotidien, en luttant contre mes terribles vertiges. Ce qui me soutenait, c'était la perspective de mes rendez-vous : quasi quotidiens avec l'homme que j'aimais, trois fois la semaine avec l'analyste. Plus tard, les vertiges un peu passés, j'entrepris de surcroît une sorte de rééducation corporelle : cours de danse, yoga, chant.

Je me traînais d'un rendez-vous l'autre, tentant de dormir entre-temps.

Presque partout, dans la rue, chez moi, une fois Pilar partie, j'étais seule, mais je n'étais pas malheureuse, ou plutôt je l'étais de moins en moins : dans ce cadre de vie bien assuré, j'avais commencé à me sentir à l'abri, couvée, protégée, douillette.

Le soir, me refusant à sortir en ville sans cet homme qui rentrait chez lui, j'allais souvent dîner entre ma mère et ma sœur, à ne parler que des événements usuels de nos existences de femmes sans hommes. Personne ne me posait de questions indiscrètes sur ma vie privée. Je me sentais acceptée telle que j'étais et je ne les en remercierai jamais assez. Puis je revenais vers ma boîte de somnifères et mon chat.

Toutefois, sans m'en rendre compte, je reprenais goût à ma personne. Passant de plus en plus de temps dans les boutiques à me chercher des vêtements, me trouver un style. Je m'étais également remise à la danse classique, abandonnée depuis mon enfance, et j'avais débuté le chant, plus exactement le travail de la voix. (Le professeur, une femme de grande expérience qui a lancé plus d'un chanteur connu, me déclara dès le départ qu'elle n'avait jamais vu une voix aussi « coincée » que la mienne et que, tout en sachant qu'elle ne m'amènerait jamais bien loin, mon cas l'intéressait comme un défi !)

Là aussi j'avais des rendez-vous réguliers et ma

semaine était quadrillée par ces obligations que je m'étais moi-même créées.

L'horreur, au début, demeurait les week-ends, les jours fériés, les fameux « ponts », intolérables aux solitaires. Au cours de ces heures où je me retrouvais brutalement lâchée, sans l'appui des rendez-vous, je sentais que je me dissolvais.

Je crois l'avoir dit, je prenais alors des somnifères du vendredi soir au lundi matin. (Des femmes m'écrivent le faire aujourd'hui et je sais ce que cela signifie de misère morale.) Je veux dire que chaque fois que je me réveillais j'avalais un comprimé pour repartir dans l'inconscience, mon chat couché contre moi, ou sur mon ventre. (La patience des chats et comme ils se font du souci pour la race humaine !)

A mesure que l'analyse avançait, je supportais mieux de « faire face » aux week-ends car j'avais pu me rendre compte — et pour cela rien ne vaut l'expérience répétitive — qu'après cette coupure, ce gouffre du samedi/dimanche, le lundi revenait immanquablement, avec le retour à la vie « normale », j'entends par là tolérable.

Mais c'était pire lorsqu'il faisait beau. Tout ce soleil qui ne servait à « rien » puisque je ne pouvais pas le partager avec celui que j'aimais ! Et voilà qu'un dimanche de printemps j'entrepris de conduire jusqu'à Versailles, par l'autoroute de l'Ouest, et je me retrouvai en train d'acheter quelques pieds de géraniums à un marché en plein air que j'avais repéré sur l'avenue de Paris.

De banals géraniums, d'un rouge claquant, parce que je ne connaissais aucune autre fleur susceptible d'être plantée par quelqu'un d'aussi néophyte que moi. Je me revois encore ouvrant le coffre de ma voiture pour y introduire le cageot, avec le sentiment que tout le monde me regardait et se disait : « Elle n'y arrivera pas ! »

Mais j'y parvins. Une fois chez moi, j'ouvris les fameuses portes-fenêtres et dans de vieux bacs en ciment qui étaient là depuis toujours, avec une petite truelle en fer rouge également achetée au marché, je mis les géraniums en terre. C'était au tour du chat de me regarder, mais lui c'était avec indulgence et cela ne me gênait pas, au contraire !

Reste que je me posais bien des questions ! Fallait-il les enfoncer profond ? Arroser le trou avant d'y mettre la plante, ou seulement une fois la terre ramenée ? Était-ce ennuyeux que les racines fussent un peu repliées ? Cette vieille terre convenait-elle encore, j'avais oublié de me renseigner !

Détails, broutilles, à la limite de l'imbécillité. Toutefois, c'était un geste capital : sans plus penser que j'avais voulu me précipiter par-dessus ce même balcon, voilà que j'y plantais des fleurs, mes premières fleurs ! (Jamais, enfant, on ne m'avait autorisée ou encouragée à jardiner.)

Les géraniums sont de bonne composition, ils ne moururent pas et, au contraire, proliférèrent.

Je n'en dirai pas autant des chats. Mon premier chat m'avait été donné — j'étais encore incapable de songer à me procurer un animal, pour la raison que je sentais que je ne pouvais pas m'occuper convenablement d'un être vivant (était-ce lié à ma stérilité ? Je n'étais pas encore en analyse.) Il provenait d'un élevage, un chat siamois « trop » racé, qui mourut assez rapidement d'une déviation de la colonne vertébrale, laquelle sciait son intestin. Une fois de plus, je crus mourir. C'était bien sûr ma faute, je n'avais pas « su » le faire vivre ! En plus, partie en repérage pour un film qui allait s'appeler *Mourir à Madrid,* à la demande de Frédéric Rossif (car je continuais sans trop de peine à travailler), je n'étais pas là quand il rendit son dernier soupir. C'était, je ne l'oublierai jamais, le même jour que Marylin Monroe, le 5 août 1962.

Devant un désespoir qui frisait la folie, je ne crains pas de le dire, des âmes compatissantes m'offrirent aussitôt deux chatons siamois. Ils avaient le typhus et moururent, ceux-là, entre mes bras. A partir de là, le redoutable virus du typhus s'était installé dans ma moquette, ce qui fit que les suivants, même vaccinés, y passèrent aussi.

Je ne pouvais, je ne peux encore repenser à ces innocentes créatures sans avoir le cœur serré. Pour plusieurs raisons : leur mort me rejetait dans ma solitude essentielle et le doute que j'avais quant à ma possibilité d'être « du côté de la vie ». En même temps, le peu qu'ils vécurent, ils m'ont tous donné ce qu'ils possédaient d'amour. L'amour total, muet et sans réserve dont j'avais tant besoin, ils me léchaient la main avant de mourir dans des souffrances pourtant horribles. Pour l'un, que j'aimais plus que les autres de l'avoir conservé plus longtemps, je me souviens m'être enfermée pendant dix jours dans le noir, avec lui qui luttait, j'en étais persuadée, « pour ne pas me quitter ».

Il est mort quand même, j'ai survécu.

C'était limite. Et je suis convaincue que c'est l'amour que ces bêtes m'ont donné qui m'a fait entrevoir que je ne m'étais pas complètement trompée sur l'existence : l'amour est possible, l'amour existe.

Bien plus tard, c'est un chien qui allait me rattacher je ne dirais pas à la vie, mais à moi-même. Je ne suis pas la seule à avoir été tirée d'affaire par un animal et, écrivant cela, j'ai le cœur gros : nous ne rendons pas aux bêtes ce que nous leur devons. A travers la planète, et même chez nous, on les martyrise. Qu'espérer d'autre de gens qui, dès leur naissance, sont martyrisés par autrui et n'ont pas appris à s'aimer eux-mêmes ? Pourquoi auraient-ils de l'amour et de la pitié pour les animaux, puisqu'ils n'y ont jamais eu droit ? Moi, j'en avais reçu et même si à certains moments ça n'était plus qu'un souvenir, si je me sentais désaimée, abandonnée, une petite étincelle au cœur de mon être continuait de couver.

28

Quand j'y pense maintenant, alors que j'arrive à prendre si vite mes décisions et suis, si cela se présente, capable de sortir d'un chagrin ou même d'un deuil avec une rapidité qui m'étonne la première, je ne comprends plus. Qu'est-ce que c'était que cet immobilisme, cette imbécillité figée ?

Toutefois, au cœur de ce marasme, quelque chose demeurait intouché et intouchable : mon travail. L'article hebdomadaire que je rédigeais pour un magazine et qu'il ne s'agissait pas de négliger car, depuis mon divorce, je vivais exclusivement de mon salaire.

Là aussi subsiste pour moi un mystère. Dans quelque état de dépression que j'aie pu me trouver, jamais je n'ai failli à remettre mon « papier » à temps. Au point que la rédaction du journal n'a, je le crois, jamais soupçonné mon mal-être.

Au dernier moment, parfois la veille, une force

se réveillait en moi, une lucidité sans faille, je m'asseyais devant ma machine et les réflexions que m'avait inspirées la lecture d'un livre ou d'un autre s'inscrivaient comme toutes seules sur le papier. Dans la dimension voulue, parfois à une ligne près.

Tout pouvait « sauter » en moi, sauf ma capacité d'écrire, penser, rédiger. Était-ce mon désir de m'en sortir qui se manifestait ainsi ? Cet instinct qu'a si bien décrit Bettelheim dans *Survivre* ?

Ou la « trouille » — je penche désormais vers cette interprétation-là ! — que m'avait une fois pour toutes inculquée ma mère, qu'on puisse découvrir que « je n'allais pas » ?

A quelque chose malheur est bon, Françoise Dolto répétait : « Si l'on est capable de s'en apercevoir, toute expérience, même douloureuse, peut porter un fruit. » La totale incapacité de ma mère à m'entendre ou m'écouter sans tomber dans une crucifiante angoisse, avait fait que je redoutais plus que tout de dévoiler ou d'avouer mon mal. Et me donnait la force extrême de le cacher.

M'étant une fois cassé le poignet, une autre fois la jambe, j'ai, dans les deux cas, tenté de le dissimuler ! Pour le poignet ça a marché, je me suis réparée seule, j'en garde un cal, mais pas pour la jambe, il a quand même fallu qu'on me secourt... C'est dire à quel point je m'étais entraînée à ne rien dire, redoutant qu'on s'angoisse trop fortement à mon propos, comme le faisait ma mère pour un oui ou un non.

Afin de remettre mon travail en temps voulu, je trouvais en moi la force de me ranimer, devenir une autre personne, rapide, précise, efficace, pour retomber en dépression à peine passé le coursier du journal !

L'autre fait qui continue à me frapper, c'était ma capacité à saisir les intentions d'un auteur, parfois au-delà de ce qu'il avait écrit. Je n'avais pas quinze ans qu'à la lecture d'un texte, j'entendais une « voix », celle de l'auteur, avec ses intonations, ses inflexions, et je percevais non pas ce qu'il disait mais ce qu'il avait voulu dire, et qui n'était pas vraiment exprimé.

Je possède une collection de lettres d'écrivains connus, célèbres, et même très célèbres, me remerciant avec émotion pour l'analyse de leur texte parue sous mon nom dans la presse écrite.

Quand je me relis, mon style me paraît encore lourd, manquant de netteté : mais ce qui est dit, et qui est parfois prémonitoire, va comme une flèche au cœur de l'œuvre.

D'où me venait ce don ?

Je l'ai dit, chez moi l'on ne parlait pas. Ma mère, ma grand-mère, ma tante, mon père également, cachaient leurs véritables sentiments et, pour les pénétrer, il fallait aller bien au-delà des mots, des paroles émises.

Est-ce là le fruit qu'apporte « l'expérience douloureuse », mais je m'étais apprise à déchiffrer ce qui germe dans l'arrière-tête d'autrui et qui, par pudeur, crainte, impuissance, reste du non-dit.

Toutefois, avec ceux que j'aimais d'amour-passion, j'étais toujours la plus perdue des femmes.

29

Quand commence-t-on à changer en analyse, quand obtient-on des résultats ? Moi aussi je me le suis souvent demandé. J'ai désormais tendance à penser que c'est tout de suite, dès le premier rendez-vous. Simplement on ne s'en aperçoit pas, moins encore que l'entourage lequel en est, peut-être, averti le premier.

Il arrive ainsi que certaines des personnes qui m'ont demandé des adresses entrent en analyse. A partir de quoi elles ne me parlent plus de rien. Parfois, elles ne me disent même pas qu'elles y vont, elles n'ont d'ailleurs pas à me le dire, elles ont trouvé leur véritable interlocuteur, je n'ai été qu'un intermédiaire.

Et puis, un jour, j'ai le sentiment d'une différence et je me dis : « Mais il — ou elle — a changé ! »

Si j'y fais allusion, les intéressés s'étonnent, pour leur part ils n'ont rien remarqué. C'est qu'ils sont encore la proie de tant de souffrance ! Au début d'une analyse, la souffrance que l'on avait refoulée arrive enfin à la conscience. En soi, c'est un progrès, mais pour le patient, la situation semble pire !

Ainsi, Léonore. Cela va faire plus d'un an qu'elle travaille avec l'analyste que je lui ai recommandé. Tout récemment je m'en suis fait la remarque : « Mais Léonore a une présence beaucoup plus légère ! » Son humeur n'est plus aussi sombre, il lui arrive de plaisanter de ses malheurs, et, dans le travail, Léonore est devenue beaucoup plus précise. Lorsque quelque chose ne marche pas, elle a cessé de dire : « C'est ma faute. »

Sa façon de s'habiller, également, a évolué : elle met désormais des couleurs claires, elle a raccourci ses jupes et ne porte plus les « bijoux de maman », minuscules et, tout compte fait, peu seyants. Elle se pare de bijoux fantaisie, de moindre prix, mais qu'elle s'est achetés elle-même.

Quand elle vient me voir, elle a renoncé à m'apporter des fleurs, des chocolats, qui lui coûtaient une fortune — qu'elle n'a pas —, ce qui fait que je me sentais plus mal à l'aise que contente. En place, elle m'offre son sourire.

Si je ne savais pas qu'elle est en analyse, je n'aurais peut-être pas pensé à noter ces détails. Annonciateurs de bouleversements bien plus importants. Léonore a enfin pu déménager, elle a fini par accepter son divorce, dont elle ne se remettait pas jusque-là, pris des leçons d'informatique, matière à laquelle elle avait prétendu ne rien comprendre, et elle brigue enfin un travail de son niveau et rémunérateur.

Que s'est-il passé, sur le divan ? Elle ne le sait pas, me confie-t-elle. Elle a parlé de sa naissance, de son enfance, de l'image qu'elle conservait de son père et de sa mère, en somme des presque-rien, croit-elle... Léonore ne peut pas dire ce qui a bougé en elle mais elle est changée et, du coup, sa vie change. Elle devient heureuse.

Une autre femme, qui s'en ouvrait à moi, avait des problèmes assez semblables aux miens, d'amour-fusion avec une mère omnipotente. Un jour, la voici prise de douleurs de ventre, accompagnées de fièvre, dont je m'étonne de voir qu'elle ne s'affecte pas. « Je ne sais pas ce que j'ai, dit-elle, en souriant, un jour je souffre, je ne peux rien avaler, le lendemain ça va mieux, puis ça recommence...

— Consulte un médecin.

— Je l'ai fait, il me dit que ce sont des spasmes, il me recommande d'être moins nerveuse, moins stressée... Je sais bien que je le suis, mais qu'y puis-je ? Je surveille ce que je mange, c'est tout ce que je peux faire. »

Quelque temps plus tard, elle me dit : « Devine qui m'a guérie en une demi-heure ?

— Un homéopathe ? Ton kinési ?

— Mon analyste. Après m'avoir questionnée sur le lieu précis où j'avais mal, et depuis quand exactement, elle m'a dit : “Vous êtes en train pour la première fois de vous séparer de votre mère, d'en faire votre deuil, et ce dont vous souffrez a rapport à l'ombilic..." Eh bien, je suis sortie de chez elle et crois-moi si tu veux, c'était passé ! Je m'en suis rendu compte dès l'escalier. Pourtant, en m'installant sur son divan, j'avais le ventre complètement noué ! »

Les changements dus à l'analyse passent souvent par le corps. Sous forme de maladie, de symptômes de toutes sortes, ou alors de modifications dans sa morphologie : amaigrissement, prise de poids, nouvelle façon de s'habiller, de se coiffer, de faire du sport, ou de cesser d'en faire.

C'est toujours inattendu car la façon dont se manifeste notre être profond est différente pour chacun. Les analystes sont les premiers à s'en étonner. Quand il leur arrive de raconter un cas, c'est avec un accent de surprise et aussi d'éblouissement.

On connaît la formule : *« Je le soignai, Dieu l'a guéri. »* En psychanalyse, c'est un peu la même chose, l'analyste met à jour une certaine souffrance, fait en sorte qu'elle finisse par s'exprimer et l'être souffrant se guérit par lui-même.

C'est plus ou moins spectaculaire. Mais si ce qui a été modifié est fondamental, on peut être sûr que c'est définitif.

Que s'est-il produit de visible, dans mes gestes, mes façons de vivre, à partir du moment où j'ai « bougé » dans mon être, comme une bête se retourne dans l'étable pour prendre une position plus confortable ?

Je n'ai pas souvenir d'une remarque de mon entourage — ce qui ne veut pas dire qu'ils n'aient rien observé ni ressenti —, mais la première chose que j'ai personnellement constatée, sans songer au début à l'attribuer à l'analyse, c'est que j'ai enfin pu commencer à m'occuper de mon habitat. Je ne parle pas seulement des géraniums plantés sur le balcon !

Aménager son « lieu de vie » est un signe d'autonomie et je n'y parvenais pas. Pendant des années, je n'ai pratiquement rien choisi (c'est maintenant que je me le dis, à l'époque je ne m'en apercevais même pas !). Ni mes vêtements, ni ce que je mangeais, ni mes lieux de vacances ou de voyage. C'était ma mère qui s'en chargeait, plus tard mon mari.

Toutefois, depuis ma plus tendre enfance je me choisissais mes lectures, et c'était très important qu'il y eût au moins un domaine où mon individualité se manifestait.

C'est mon mari qui avait pris l'initiative de m'élire pour femme, pour moi je m'étais contentée de dire « oui ». Ses parents avaient trouvé pour nous un appartement, engagé une employée et s'étaient occupés de sa décoration. J'étais incapable d'aller m'acheter le moindre meuble, ni même de la vaisselle, et comme on a plus ou moins tendance à transformer ses manques en qualités, je me disais que c'était parce que j'étais « au-dessus de ça », détachée de ces viles préoccupations matérialistes. (Comme je l'étais hélas de l'argent !) Je préférais laisser ces soins terre à terre aux autres, qui avaient l'air, eux, d'y prendre plaisir et aussi d'avoir des idées très arrêtées sur la question !

Quand nous cherchons à demeurer dans l'impuissance et l'obscurantisme, ou si nous ne pouvons faire autrement, il y a toujours une idéologie pour nous soutenir. De mon temps, c'était le sartrisme : Sartre et Beauvoir ne vivaient-ils pas à l'hôtel, méprisant tout ce qui était ménager au nom de « l'engagement » ? A travers leurs œuvres, que je dévorais dès leur publication, je me sentais justifiée dans mon propre « désengagement », vital, terrestre.

Ma première acquisition personnelle dans ce domaine date du lendemain de mon divorce, et ce fut un cendrier ! (Était-ce pour y loger les cendres de ma défunte vie de femme mariée, puisque je ne fume pas ?) Je me rendis toutefois dans un magasin où Maman avait ses habitudes, tant j'étais incapable d'en découvrir un autre !

Un peu plus tard, je commençai à prendre le chemin des puces, où je me décidai, avec toutes sortes de tremblements, à ramener chez moi des objets vermoulus, de la brocante et non des antiquités. Pour pas cher, j'avais si peur de me tromper. (Dolto déplore l'éducation des enfants « touche pas ». Ce sont ceux qui entrent dans la période d'exploration tactile et à qui on ne cesse de taper sur la main pour qu'ils ne touchent à rien. Leur main, dit-elle, devient toute « flagada ». Le cerveau aussi, bien entendu. Moi, j'étais tout entière flagada de trop d'interdictions.)

D'ailleurs, manquant d'entraînement, je me trompais. Pareil pour les premiers vêtements que j'osais me choisir sans l'approbation de ma mère. (Je souligne que j'avais plus de trente ans.) Mes premiers essais eurent lieu au Prisunic. Je me souviens, entre autres, d'un hideux chapeau rouge, que je n'ai jamais porté ! Qu'importe, ce qui compte, c'est que je me hasardais enfin à m'habiller moi-même. J'avais à former quelque chose qui n'existait pas chez moi : le goût, cette expression de notre moi profond.

Le plus spectaculaire, le plus lent à venir, ce fut de renoncer à avoir un corps seulement pour séduire. Mon corps ne pouvait exister qu'en se donnant à voir, à admirer, à désirer, comme s'il réclamait sans arrêt le regard d'autrui pour tuteur. Ou pour preuve de son existence.

Dans la rue, en public, j'épiais si on me fixait ou non. Si on ne me regardait pas, je me sentais m'amollir, défaillir, en somme disparaître.

Mes premières promenades seule, en forêt, me parurent des exploits ! Enfin, je marchais pour moi, regardais la nature pour mon plaisir, respirais à pleins poumons. C'est l'époque où je me mis à beaucoup photographier. C'était une façon de m'approprier et d'apprivoiser ce qui, jusque-là, n'avait été qu'un décor planté par autrui. La nature devenait mienne. Je dialoguais avec les arbres, les plantes, les bêtes, ne m'ennuyais plus jamais. Ce fut le début du retour au bonheur.

30

J'ai l'air de faire de la psychanalyse une méthode de rééducation et d'enseignement de ce qu'on est censé apprendre en naissant, à vivre, et j'entends les protestations : mais tout le monde n'est pas handicapé !

Il y a des moments, pourtant, où je me demande si ça n'est pas le cas. (Par la faute de ce manque d'éducation, de formation véritable, d'initiation au génie de notre sexe, qu'il soit masculin ou féminin, dont nous souffrons tous. Ceux qui s'en sortent y parviennent par leurs propres forces et dans la révolte.)

Tant de gens soupirent : « Je ne comprends rien à la peinture, à la musique, je n'arrive pas à lire... » Ou alors ils se plaignent de leur corps, tout le temps malade, trop gros, trop maigre. Ils voudraient s'arrêter de boire, de fumer, ils n'y parviennent pas. Ou bien ils souhaitent faire ci ou ça, voyager, déménager, changer de métier et ils n'ont pas le temps, pas la force, trop d'angoisse. Quelque chose en eux le leur interdit.

« Y a qu'à », leur répètent leur entourage et leur médecin. Ils le savent bien qu'ils devraient y arriver pour leur « bien ». Ils sont conscients qu'ils se font du mal et ils ne sont pas du tout contents d'eux-mêmes...

Ainsi moi, je le savais bien que j'aurais dû rompre cette liaison, puisque je ne m'y trouvais pas à mon aise. Je m'en voulais d'être autant sans volonté et je n'osais en parler à personne. On n'est pas fier de soi quand on se découvre « coincé ».

Seulement, je ne pouvais pas.

Pas plus que je ne parvenais à profiter pour m'instruire, me développer, voyager, m'amuser, gagner de l'argent, de tout ce temps libre que me ménageait mon état de célibataire et qui était à soi seul, je le savais quelque part en moi, un trésor.

Mais je ne pouvais pas.

Et puis j'ai pu.

31

Avant de continuer l'histoire de ma psychanalyse et de ses conséquences, je voudrais revenir sur un point : personne n'est obligé de faire une analyse, personne n'est forcé de chercher à s'améliorer ni à progresser dans son être.

C'est une décision personnelle et un choix d'autant plus difficile à conseiller à autrui qu'accéder à plus d'autonomie et à une meilleure connaissance de soi entraîne toutes sortes de conséquences qu'on ne soupçonnait pas et qu'on n'est pas forcément satisfait d'avoir à assumer.

Après tout, on peut préférer passer sa vie à se plaindre de soi, de son obésité, par exemple, ou de ne pas avancer dans sa carrière — c'est la faute aux autres ! — ou à trouver que ses proches manquent d'attention et à leur en réclamer à grands cris.

Au fond de soi, quelque chose nous dit que ça n'est pas tout à fait vrai, que nous y sommes pour quelque chose, que nous avons choisi, comme on dit, « la solution de facilité » ; c'est bon la facilité ! La vie est si dure, si compliquée.

Si je reparle de ça, c'est qu'on a trop tendance à se représenter la psychanalyse (quand on ne la nie pas) comme une source de bienfaits tous azimuts.

En réalité, la psychanalyse a souvent pour résultat d'accroître le poids des charges qui pèsent sur quelqu'un. Quand une plus grande quantité d'énergie psychique devient disponible, on va l'employer à entreprendre plus de choses, assumer une plus grande quantité de responsabilités, en participant plus fort à la vie et à la souffrance des autres.

On constate d'ailleurs qu'un certain nombre d'analysants deviennent analystes, alors que ça n'était pas du tout leur direction au départ. (On n'a pas forcément besoin d'être médecin pour devenir psychanalyste.) Au fil de leur propre cure, leurs yeux se sont ouverts, ils ont pris conscience des difficultés personnelles dans lesquelles se débattent la plupart des gens, et ils ont envie de les aider. (C'est une façon de se secourir soi-même à travers autrui, chaque fois qu'on va à la rescousse de quelqu'un on se soutient aussi. C'est la règle, dans la psyché interhumaine.)

C'est donc une activité accrue qui attend les analysants au fil de leur parcours, doublée d'une conscience plus aiguë du monde souvent cruel et sanglant où nous vivons. On ne sait plus fermer les yeux.

Les yeux d'Ezéchiel se sont définitivement ouverts.

(Un jeune homme, Stéphane, à qui j'ai recommandé une analyse alors qu'il avait moins de vingt ans, qui l'a faite, vient de déclarer publiquement à la télévision à quel point le traitement l'a changé, réconcilié avec lui-même et son enfance particulièrement douloureuse. Il a ajouté qu'il était désormais décidé à s'engager, en toute connaissance de cause et non par besoin de fuite, dans une action humanitaire.)

Toutes les religions, toutes les sagesses antiques, dont la Bible où l'on voit la perte du paradis terrestre causée par la pomme du savoir, mettent en garde contre un surcroît de connaissance. La plus dangereuse étant, bien sûr, la connaissance de soi. Elle met à part des autres hommes. En contrepartie, on devient pour eux un recours.

Tout ancien analysant le découvre : même s'il n'est pas devenu analyste, il est souvent sollicité par ceux qui subodorent en lui une capacité détachée de s'intéresser à leurs problèmes. Il les aide un peu, beaucoup, à voir plus clair et, dès que ça va mieux, on le quitte. Il doit s'y habituer, sans en concevoir d'amertume. (Je me suis ainsi fait rejeter par un homme qui a eu recours à moi lorsqu'il allait extrêmement mal. Après l'avoir écouté à plusieurs reprises, il avait entre autres des problèmes avec sa femme, je lui ai conseillé de se faire aider et il s'en est sorti : « Maintenant que je vais mieux, m'a-t-il dit plus tard avec franchise, je préfère ne plus vous voir ! Vous m'avez connu trop mal ! » Et quand nous nous rencontrons, il se contente de me saluer de loin.)

Beaucoup de mes amis sont d'ailleurs analystes, j'ai appris à percevoir leur immense solitude, au-delà de leur réel et appréciable pouvoir. Elle fait écho à la mienne et nous tentons, tant bien que mal, de nous accompagner mutuellement.

Cette mise en garde accomplie, je me sens plus libre pour exposer ce que j'ai vraiment gagné (et perdu) en analyse.

32

Pendant des années, mon unique but fût que cet homme finisse par m'aimer comme moi je l'aimais, au point de lâcher femme, enfants, pour se consacrer à notre passion.

Et m'épouser !

Je désirais violemment l'état de femme mariée dont j'étais pourtant sortie de mon plein gré, en divorçant par consentement mutuel. Je me souviens de mes errances dans Paris : je dévisageais tous les couples qui passaient, se tenant par le bras, allant au restaurant, au cinéma, l'air unis, liés, ligotés l'un à l'autre et je me disais : « Ils ont de la chance, pourquoi pas moi ? »

Alors je rentrais dans mon appartement solitaire donner libre cours à mes larmes : « Il n'y a pas de place pour moi dans cette société ! », et je continuais à gémir sur le divan de l'analyste : « Je ne trouve pas ma place ! Où est ma place ?

— Oui, me disait Serge, continuez. »

Je demeurais coite. Qu'aurait-il voulu que je dise

d'autre ? Les hommes, analystes ou pas, étaient bien tous les mêmes ! Serge, lui-même marié, ne se rendait-il pas compte que vivre seule, pour une femme comme moi, si fragile, si féminine, était in-to-lé-ra-ble ?

Avec lui comme avec mon amant, je me sentais dans l'impasse. Depuis trois ans que j'étais en analyse, rien n'avait évolué dans mes rapports avec l'homme de ma vie, ils s'étaient au contraire installés dans la routine.

Par ailleurs, je m'étais remise à dessiner sans arrêt. Faire des portraits, des dessins de mode, croquer des vases et des fleurs, avait été mes premières amours. A force de travail continu, je parvins à illustrer et publier des livres pour enfants que je concevais entièrement, texte, mise en pages, et qui marchèrent très bien. (J'avais dû régresser sans m'en apercevoir au stade enfantin de ma vie affective, car je ne rêvais qu'éléphants roses, kangourous, girafes, dromadaires, chats, souris...)

Toutefois, je continuais à écrire. Pour moi, comme on dit. Et un jour...

L'événement, la révolution, ce fut un livre !

Après trois ans d'analyse, je me causai à moi-même la surprise d'écrire, puis de publier mon premier roman.

L'étrange est que je n'y tenais pas, du moins consciemment. J'avais trop peur, si je me révélais par l'écriture, de ne plus être aux yeux de l'homme qui me plaisait « une femme convenable » !

Où avais-je pêché une idée pareille ? Eh bien, dans ce que je voyais autour de moi !

La plupart des hommes de ma génération (je ne parle pas là de celui que j'aimais) s'étaient mariés à des femmes dont le moins qu'on puisse dire était qu'elles ne leur faisaient pas concurrence. Des « ménagères », qu'ils appelaient parfois « maman ». Certaines avaient bien des diplômes mais leurs maris leur avaient demandé, comme une preuve d'amour, de renoncer à les utiliser, et elles l'avaient fait !

Les exemples fourmillaient, à tous les niveaux de la société, de ce besoin qu'avaient les hommes, pour se rassurer, d'une femme au foyer. Les autres, les « brillantes », celles qui faisaient parler d'elles, ne pouvaient être que des « maîtresses ». Des femmes qu'on courtise mais qu'on n'épouse pas. Comme les courtisanes d'autrefois.

(Est-ce si différent aujourd'hui ? Une chose, en tous les cas, me frappe : si un homme d'âge mûr perd son « épouse-maman », il la remplace à tout coup par une fille-objet beaucoup plus jeune que lui, dont la beauté, la fraîcheur le flattent, mais aussi qu'il a le sentiment de dominer. Jamais par une femme du même niveau que le sien.)

Or voilà qu'en dépit de mes appréhensions, poussée par une autre force, une nécessité intérieure, je m'étais mise à écrire, pire encore, à publier !

Que m'était-il arrivé ?

33

La psychanalyse, fondée par ce neurologue de génie nommé Sigmund Freud, est facilement assimilée à un traitement médical : on souffre de certains troubles — moi c'était d'angoisse, de vertiges suicidaires —, et l'on entreprend une analyse pour que tout rentre *dans l'ordre.*

C'est alors qu'on récolte la tempête !

Si, du fait de mes amours irrégulières que je rêvais de régulariser, je m'étais crue en aventure, la véritable aventure, c'était la psychanalyse qui allait m'en ouvrir les portes. En me mettant sur la voie, parfois royale, qui conduit à l'écriture.

Jusqu'ici mes tentatives ne dépassaient jamais quelques paragraphes. Aussitôt, j'éprouvais comme une lassitude de tout l'être, un malaise indéfinissable et, sans me relire, je me précipitais hors de chez moi, pour aller marcher. Je me sentais incapable de poursuivre ou de reprendre et j'avais pris le pli de classer ces essais abandonnés dans un cartonnier intitulé *Débuts.*

Cet été-là, après seulement trois ans d'analyse, j'ai allégrement dépassé les vingt, puis les cinquante, cent pages, pour m'arrêter à près de trois cents. Mais sans m'être aperçue que ce qui m'arrivait était différent de mes habituels essais tronqués puisque de retour chez moi j'ai placé ce roman pourtant achevé dans la chemise *Débuts*.

En fait, à force de parler seule sur le divan, j'avais peu à peu « assuré » ma voix. (Comme un apprenti chanteur commence par des vocalises pour devenir capable de « tenir » un long développement musical.)

On m'avait tellement dit : « Tais-toi. » Et si adultes, maîtres, parents ne nous ont pas matériellement empêchés d'ouvrir la bouche, ils nous ont interdit de dire la vérité, notre vérité.

Je le compris très tôt : j'avais le devoir de ravaler mes questions enfantines, en particulier sur le sexe et la mort. Je n'accuse personne, ma grand-mère, profondément blessée justement par le sexe et par la mort, ne pouvait pas tolérer que moi, l'enfant, destinée à le lui faire oublier, je me mette au contraire à raviver sa blessure par ma curiosité.

Et on me rembarra plus encore, quand je voulus mettre en doute l'amour qu'on me portait du fait même qu'on m'interdisait les questions. Quant aux sorties, elles ne pouvaient avoir lieu sans la surveillance rapprochée de la gouvernante. Impossible, nulle part, de parler librement.

En apparence, ce sont des riens. En réalité, toute

ma fierté de sentir germer en moi des idées nouvelles, des velléités d'indépendance, s'est trouvée écrasée. Le meilleur de moi-même n'était pas reconnu comme tel par mon entourage. On me voulait rangée, sans désir, sans problème. En tous les cas dans ce que je livrais de moi.

Je me suis tue, enfermant dans mon fin fond « l'extraordinaire ». C'est allé si loin que je me suis convaincue, vers les dix/douze ans, qu'il y avait deux domaines bien séparés dans le champ de la parole : d'une part ce qu'on dit, d'autre part ce qu'on pense. Qui ne doivent jamais se recouper !

Sinon c'est le drame.

Sur le divan, c'est d'une voix d'abord contenue que j'ai commencé à énoncer ce que j'avais pris l'habitude de ne jamais proférer. Après chaque phrase, je faisais un petit silence : j'attendais l'explosion !

Comme elle ne se produisait pas, quelque peu rassurée, je reprenais la suite de mon discours. Peu à peu le « blanc », la scansion se raccourcit. J'avais commencé à comprendre que je ne risquais rien à sortir le plus extravagant — croyais-je — de ce que je tenais secret jusque-là. Ma « bombe atomique ».

Il n'y avait personne dans la pièce pour s'en effrayer ou se scandaliser. D'ailleurs, était-ce si effarant que ça ? Des évidences qu'aurait pu émettre n'importe qui réfléchissant sur sa naissance, ses origines, l'amour, le sexe... Et puisque je n'avais pas pu le faire, enfant, ni même plus tard (l'époque était encore très pudique), je me mis à parler du corps, le mien, pour le décrire par le menu, dans sa nudité, son activité amoureuse, en union avec celui de mon partenaire.

Bientôt, ne redoutant plus d'être interrompue, je pus enchaîner mes phrases les unes aux autres jusqu'à former, tout le temps que j'étais sur le divan, une sorte d'étoffe verbale à la texture continue. Un texte.

34

J'y tenais si peu, à ce roman, qu'après l'avoir rédigé, au cours d'un mois d'août que j'avais comme à l'ordinaire passé dans la solitude, une fois rentrée à Paris, je fourrai le manuscrit dans un tiroir et n'y pensai plus.

Il fallut qu'un jeune éditeur vienne dîner, puis me pousse dans mes retranchements pour que j'avoue avoir en effet « quelque chose » en train, et je m'écriai aussitôt : « Ça n'est pas publiable ! » Mais Renaud avait insisté pour que je lui confie le manuscrit et à peine l'eut-il ouvert qu'après en avoir parcouru une ou deux pages, il s'était levé et m'avait bel et bien plantée là pour rentrer lire la suite chez lui.

Ce qui sur l'instant me vexa : mon livre était donc plus important que moi ?

Le surlendemain, la directrice de la maison d'édition où il travaillait débarqua chez moi avec un contrat et un chèque. (Le premier argent, après celui, modeste, des livres d'enfants, que me rapportait la psychanalyse !) J'intitulai mon roman *Un été sans histoire,* c'est dire ce qu'il représentait pour moi ! Un été sans cet homme ne pouvait qu'être rien.

Or le livre eut du succès, beaucoup même et je fus, dès ce coup d'essai, consacrée romancière.

Émouvoir en racontant des histoires sur la vie, l'amour, la mort, il se trouve que c'est le rêve de bien des gens, en particulier de beaucoup de femmes, lesquelles se racontent des romans à longueur de journée, quand elles n'en dévorent pas.

J'étais convaincue que ça n'était pas le mien ! Je ne dis pas que quelque chose en moi n'était pas flatté de voir mon œuvre louée, mais je n'en fis pas tout un tralala. Une seule chose me préoccupait : comment cet homme allait-il prendre mon succès ?

Ma mère, quant à elle, était aux anges. « Je vais le faire lire à toutes mes amies ! » Mais j'avais commencé de m'apercevoir que mon amant n'avait pas toujours les mêmes réactions que ma mère et peut-être allait-il cesser de m'aimer d'être devenue quelqu'un dont on parlait dans les journaux ?

L'idée que je risquais d'être moins désirable si je réussissais professionnellement me tourmentait depuis toujours au point que j'avais avec soin placé mes quelques talents sous le boisseau : j'en avais un pour le dessin, j'y avais renoncé (jusqu'à ce que je m'y remette après quelque temps d'analyse.) Et si je m'étais attelée au journalisme, c'est que l'homme que j'aimais à l'époque, mon mari, l'avait en quelque sorte exigé.

Je serais devenue actrice, danseuse, peintre au besoin, et même mère de famille (d'enfants adoptés puisque je ne pouvais pas en avoir), si mon compagnon quel qu'il fût l'avait voulu. J'étais du genre, si courant chez les femmes, surtout à l'époque, à faire n'importe quoi à la demande d'un homme (aussi bien le trottoir). Et d'y réussir.

Mais personne ne m'avait demandé d'être romancière, pas même mon analyste — ce qui fait que j'étais bien embêtée de l'être devenue quand même !

Françoise Dolto contribua plus tard à éclairer ma lanterne quant à cette bizarrerie. Un jour où je me plaignais à elle de me « débrouiller » — il n'y avait pas d'autre mot — pour me retrouver toujours seule, elle me déclara : « Tu as peut-être une œuvre à faire, et cette œuvre exige que tu restes seule ! »

« Quelle horreur, me dis-je à part moi. Et d'abord ça n'est pas vrai, Françoise se trompe, je n'aime que l'amour, je ne veux que l'amour... »

Si je raconte avec autant de détails la naissance non voulue de ma carrière d'écrivain, c'est pour montrer comment la psychanalyse peut faire surgir de vous un désir que tout un réseau de peurs, d'interdits, vous empêche de vous avouer et de reconnaître. Dans mon cas c'était la terreur de ne plus être aimée si je devenais un sujet au lieu de n'être qu'un objet d'amour. (Que d'argent dépensé en bas noirs, guêpières, porte-jarretelles, dessous affriolants, alors qu'une partie de moi trouvait inutiles et risibles ces déguisements !)

Et voilà que la psychanalyse m'avait fait un roman dans le dos !

Bien entendu, ça n'est pas l'analyse qui a fait de moi un écrivain, je l'étais dès le départ, mais je ne voulais pas obéir à ma vocation, tant je savais à l'avance ce que cette activité comporte d'exil et comment elle mène à ce que je repoussais alors de toutes mes forces : la solitude.

Sur ce plan-là, j'avais parfaitement raison !

Depuis que je suis devenue un écrivain à part entière, que l'écriture a la priorité dans ma vie et modèle l'idée que les autres se font de moi, mon rapport à autrui, aux hommes en particulier, a radicalement changé.

Je sais que je le dois à l'analyse. Mais je ne sais pas si, tout compte fait, il faut m'en féliciter !

Mon opinion sur ce point varie selon les jours.

Je me souviens d'avoir dit et même répété à Serge : « Ce que je veux, ce que je désire avant tout, c'est vivre un bon petit lieu commun !

— Un lieu commun ?

— Mais oui ! Je voudrais être une femme ordinaire, aimer un homme qui m'aime, l'épouser, avoir des enfants, une maison, des animaux, prendre des vacances en famille, n'être jamais seule, finir par avoir des petits-enfants et vivre le restant de mon âge dans l'amour des miens. »

Silence du côté du fauteuil.

Songeait-il que c'était en effet ce qu'une femme, quelle qu'elle soit, peut connaître et vivre de mieux et que nous allions finir par arriver à ce que cela devienne mon sort ? Ou pensait-il que je m'abusais complètement ? Sur moi-même, mon désir, mes possibilités ?

Allez savoir ce que pense un analyste, si même il pense !

Certaines de ses patientes venaient peut-être sur ce même divan, juste après mon départ, gémir qu'elles n'en pouvaient plus de leur mari, leurs enfants, leurs résidences secondaires, leurs amis, leur amant, leurs sorties, leurs voyages et qu'elles n'avaient qu'un rêve, un seul, se retrouver dans la complète solitude et écrire des romans.

35

L'obstacle majeur, pour un écrivain, c'est de lutter contre sa propre censure. S'autoriser à écrire, s'interdire d'écrire, cela va et vient dans notre vie et on ne sait jamais quand le couperet va nous retomber dessus et nous couper la parole. Plus ou moins définitivement.

De grands écrivains ont eu des « trous » de plusieurs années. Ils se sentaient, disaient-ils, « à sec ». D'autres, en pleine fécondité, m'ont confié avec inquiétude : « Je crains de m'arrêter brusquement. »

Cela s'apparente à cette terreur de l'aphasie que j'éprouvais au début sur le divan : rien qu'en énonçant certaines choses, j'avais le sentiment d'enfreindre un tel tabou, social, amoureux, familial que j'étais convaincue que j'allais en être punie. « On » allait me retirer la parole.

Comme un écrivain véritable enfreint perpétuellement des tabous, la menace d'un châtiment est suspendue au-dessus de sa tête.

Toutefois, et c'est là où ça se complique : il aime ça !

Il y a une griserie à écrire, publier en dépit de cette instance, que les analystes appellent le « surmoi », laquelle représente la loi, la censure, l'opinion publique que nous avons intériorisées et dont les diktats nous persécutent de l'intérieur.

C'est là-dessus, aussi, que j'ai travaillé en analyse à m'extraire des jugements, préjugés, menaces, par lesquels les autres, en nous, tentent de nous réduire à l'immobilité et à la paralysie. Pour nous interdire de « créer ». D'inventer du nouveau.

D'autant qu'à cette censure intérieure s'en ajoute une autre, puissante elle aussi, celle qui agit de l'extérieur. Chaque fois que nous tentons de prendre la parole, pour exprimer des choses personnelles, parfois neuves, sous une forme originale, notre milieu familial et notre entourage s'efforcent de nous ramener au silence. Comme si nous étions encore enfant. Leur arme, c'est la critique. C'est aussi celle qu'utilise la société, qui, au nom du maintien de l'ordre, s'emploie à nous bâillonner, sous la forme de la redoutable, parfois détestable, « critique littéraire ».

Je vais me permettre ici une digression, qui, en principe, n'intéresse que les candidats écrivains, mais qui ne l'est, fût-ce à son insu ?

On a souvent comparé l'écriture à la psychanalyse, puisque dans les deux cas il s'agit de mettre en mots des affects, des images, des sentiments.

Toutefois, il y a une différence fondamentale entre psychanalyse et écriture : elle tient à l'existence de la critique !

Lorsqu'on écrit un livre, le langage est en « liberté surveillée », soumis aux lois de la syntaxe, de la grammaire, mais aussi de la mode littéraire. Et du carcan, fût-il volontaire et choisi, qu'est son « style » pour chaque écrivain. Même le langage le plus anéanti, réduit à ses constituants syntaxiques, même l'anti-langage, obéit aux lois de la recherche d'un style, donc de la forme. Les poètes, qu'on considère comme les plus libres des écrivains, se soumettent autant que les romanciers à cette magistrature suprême, dont a si bien parlé Paul Valéry dans son « Art poétique ».

En revanche, lorsque vous êtes en analyse, depuis les bredouillis jusqu'aux onomatopées, aux sanglots, à l'incompréhensible, la contrevérité, l'injure, l'insulte, la menace, l'incohérence, et même ce que vous ne vous entendez pas dire, tout est admis, tout fait sens.

La critique, ses verdicts, n'existent plus !

Est-ce à cause de ce refus des interdits que la psychanalyse aboutit à des effets auxquels ne peut prétendre la littérature, aussi sincère, osée, autobiographique soit-elle ?

J'ai maintes fois constaté qu'aucun de mes livres n'est parvenu à me délivrer d'un tourment affectif ou à m'aider à résoudre un conflit, même si j'en faisais le compte rendu minutieux, une sorte d'« analyse vérité » au plus près du réel.

C'est pourquoi, à plusieurs reprises, j'ai éprouvé le besoin de reprendre la cure analytique *parallèlement* au travail d'écriture.

C'est seulement dans cet espace, où je me sens « écoutée », et pas seulement lue, que les mots que je dis, et qui parfois sont les mêmes que ceux que j'écris, peuvent avoir sur moi une action salutaire. Ce qui a pour conséquence, entre autres, de m'inciter à reprendre et pousser plus avant l'œuvre écrite.

Laquelle se fait *toujours* contre soi-même et contre les professionnels de l'écriture. Leur acharnement, plus ou moins destructeur, commence dès les premières pages soumises à un conseiller, un ami, un éditeur. (Je ne parle pas ici de ceux que j'appelle les « tueurs de bébés phoques », tous les écrivains ayant quelque succès les connaissent, stipendiés pour assommer un livre sans même l'avoir ouvert, du seul fait qu'il est paru.)

Sous le prétexte de vous rendre service, même vos meilleurs supporters se croient tenus de vous déclarer : « Le début de ton dernier livre ne me plaît pas, c'est trop long, on s'ennuie... » Ou alors : « Tu vas trop fort, je suis choqué. » Ou encore : « J'ai préféré le précédent, évidemment je peux me tromper... » Ou : « Tu te répètes, c'est toujours la même chose ! »

Jugements et paroles qu'il est inconcevable d'entendre lorsqu'on se trouve sur le divan d'un psychanalyste !

D'ailleurs, si l'on y a échoué c'est bien parce qu'on a été trop jugé, réprimé, condamné, censuré, rejeté, critiqué — que ce soit par soi-même ou les autres. Ici, ce qui souffre en nous peut enfin se répéter à loisir, aller « trop fort », être bête, aveugle, méchant maladroit, et pourtant admis — j'allais dire aimé — quand même et comme tel.

Le thérapeute et son patient travaillent ensemble — si ça n'est toujours d'un commun accord ! — à faire tomber les « défenses », cette cuirasse qu'on s'est constituée depuis les tout débuts de sa vie consciente pour se protéger contre trop de douleur interne et externe.

Or un livre, même un roman autobiographique, peut être considéré tout entier comme une « défense ».

Machine de guerre, fortification, carapace, destinée à nous enfermer plus encore en nous-même, nos thèses, nos idées, notre « manière », tout ce que nous considérons comme notre vérité la plus singulière.

Et plus l'ouvrage est critiqué, rejeté, houspillé, vilipendé, plus il devient précieux à son auteur et plus il y tient ! A la question : « Lequel de vos livres préférez-vous ? », les plus grands écrivains font la même réponse : « Un que vous n'avez sûrement pas lu, personne n'en a parlé ! » (Un auteur se désolidarise plus facilement d'un livre qui rencontre le succès !)

Et de s'enfoncer dans ce que leurs détracteurs considèrent comme leur « erreur » et qui est pour eux le plus cher, le plus aventureux de leur œuvre.

36

On peut, bien sûr, s'interroger sur ce que seraient un Samuel Beckett ou un Patrick Modiano « analysés ». (Je précise que j'ignore tout de la relation de ces écrivains avec la psychanalyse.) Ce qu'on peut se dire, en tous les cas, c'est que leur œuvre ne serait pas la même.

Pour le meilleur ou pour le pire ?

Cela reste du domaine des suppositions, tout ce qu'on peut avancer c'est que la psychanalyse ne se présente pas comme une méthode pour parvenir à l'écriture — même si parfois elle y conduit —, mais pour soulager un être en souffrance qui a éprouvé que sa souffrance est devenue « trop ». Il veut s'en délivrer, fût-ce au risque de ne plus écrire. Ou, au contraire, d'écrire plus. C'est un pari, et personne ne peut dire ce qu'il en adviendra. Il n'est pas automatique qu'un travail sur la parole conduise à devenir écrivain et à parvenir à vivre de sa plume. Loin de là.

Toutefois, un nombre considérable de gens, surtout des femmes, ressentent leur parole comme entravée. Elles ont besoin d'« y voir plus clair », m'écrivent-elles, et elles pensent que cela va se faire par l'écriture. Tous les manuscrits que je reçois, sans exception, sont des romans autobiographiques. On se « raconte » et la plupart du temps c'est pour se justifier, sous forme de plaidoyers pro domo lesquels, dans cette mesure même, ne constituent pas une œuvre littéraire intéressante. Répéter à longueur de pages : « J'ai raison, il a tort, il est méchant, je suis bonne, la preuve : je l'aime quand même », n'est ni convaincant ni émouvant, ce discours fût-il tissé de souffrance et fondé sur la douleur.

Je me trouve alors dans l'obligation de les retourner accompagnés d'un mot qui dit en substance : « Peu importe que cela ne soit pas publiable, l'important pour vous c'est de l'avoir écrit et je vous félicite d'être arrivé jusqu'au bout. »

A vrai dire, écrire ne suffit pas et je me rends bien compte que ces envois sont moins des consultations éditoriales que des demandes d'analyse, assorties d'une question : qui suis-je ?

Je ne suis ni psychanalyste ni devin, il faudrait l'être pour percer quelqu'un à jour sur un lot de pages, et je ne peux que renvoyer ces personnes à elles-mêmes en leur disant que si elles se sentent trop mal, elles ont le recours de se faire aider, comme je n'ai pas hésité à y recourir moi-même.

Cela me fait de la peine de ne pouvoir faire plus face à une telle détresse, mais si ces femmes sont parvenues à sortir d'elles-mêmes tant de mots, je me dis qu'elles sont déjà en travail. Ce sont les êtres murés dans le silence qui sont le plus à plaindre. Toutefois, les appels réitérés dont je suis si souvent l'objet sont le symptôme qu'il existe une demande considérable — et qui s'ignore — de psychanalyse.

Qu'en adviendra-t-il ?

Je le répète, je n'ai qu'un exemple à donner, et encore tel que j'en juge, le mien.

Mon écriture s'est trouvée facilitée par la cure.

Désormais, c'est sans effort que je me retrouve, jour après jour, devant la page blanche — la terreur de tant d'écrivains néophytes ou non —, attelée à la tâche de « mettre en mots » ce qui va se présenter. Et s'il m'arrive de me dire moi aussi : « Cela peut s'arrêter du jour au lendemain », je n'ajoute pas : « Que deviendrais-je, je n'aurais plus qu'à me suicider », mais : « Je ferai autre chose et ça sera peut-être plus amusant ! »

C'est l'un des avantages de l'analyse, on découvre au fond de soi une somme énorme de potentialités qui sont celles de toute l'espèce humaine, parmi lesquelles il nous a fallu choisir pour entrer dans la vie sociale.

Cela va de cuisiner à gérer une affaire, peindre le dimanche, faire de la politique, de la décoration, de la couture, s'occuper de l'environnement ou des personnes en détresse.

Nous les conservons en sommeil, parce que nous avons dû nous consacrer seulement à l'une ou l'autre, mais elles peuvent se réveilier, si l'occasion s'en présente, et nous rendre heureux.

37

L'aveu qui suit va peut-être décevoir, toutefois, je me dois de le faire à ceux qui m'ont fait confiance jusque-là : plus j'avance dans ce récit, mieux je me rends compte qu'il s'agit bel et bien d'une fiction !

Cela ne tient pas à un éventuel manque de sincérité de ma part, mais à la nature même du travail psychanalytique. Happée par une nouvelle association, j'oubliais, « séance tenante », les propos et les enchaînements qui m'y avaient menée et ne présentaient plus d'intérêt, me semblait-il. Peau neuve, encéphale neuf, c'est comme un besoin, une régénération... Bien sûr, je pourrais me référer à certaines notes qu'il m'est arrivé de prendre au jour le jour, mais sans compter que cela deviendrait vite fastidieux, ce serait encore moins véridique que la reconstitution après coup.

Car sur l'instant et du fait qu'on travaille dans le domaine de l'inconscient, on n'est pas à même de voir l'essentiel. On se souvient du stupéfiant *« Aujourd'hui rien »* qu'inscrivit Louis XVI sur son journal, à la date du 14 juillet 1789. En analyse, c'est ce que l'on risque de noter après une séance qui a été, on le découvrira par la suite, capitale.

Il y a autre chose : les faits psychiques ont cette particularité de se transformer dès qu'on les énonce, j'allais dire dès qu'on y touche. Ils « mutent ». Et cela indéfiniment. Ce qui était « vrai » il y a cinq minutes l'est déjà moins d'avoir été dit. Pour peu qu'on y revienne à plusieurs reprises, ce « dur comme fer » ne subsistera plus en nous que sous la forme d'une trace mnésique si légère qu'à la limite on a le sentiment d'avoir tout inventé !

Le langage, je l'ai également découvert, n'est pas un absolu. Reste qu'il est ce qui nous crée et nous décrée. Un être sans nom et sans langage n'est pas humain. Alors qui est le maître du langage ? Et qu'est-ce que la vérité ?

Nous savons tous que, selon la façon dont on considère une situation, elle peut apparaître comme magnifique ou désespérée. Mais qu'est-ce qui fait changer de point de vue ? Certainement pas un discours aussi bien intentionné soit-il, comme en tiennent les éducateurs, les amis, les confesseurs, les faiseurs de méthodes Coué, qui nous disent tous en gros : « Ayez des pensées positives et tout s'arrangera ! »

Le problème, justement, c'est que dans certaines situations et quand on se trouve dans un certain état on ne *peut pas* avoir de pensées positives ! Nous connaissons tous des gens, saisis par le succès, qui se retrouvent plus inquiets que jamais : ils sont convaincus que leur soudaine réussite ne peut que s'effondrer et que ce sera pire qu'avant... Alors ils se minent, tombent malades, parfois meurent, au lieu justement de se réjouir !

La confiance en soi n'a rien à voir avec ce qui nous arrive, c'est un sentiment intérieur. L'assurance quiète et douce qu'on sera à la hauteur de n'importe quelle situation, que rien de ce qui est humain n'est étranger et, si l'on n'a pas les gestes, qu'on aura du moins les mots pour se relier aux autres, à leur douleur, à leur joie, et, à travers elles, à l'éternité et à l'infini. D'ailleurs, du moment qu'on est « né » on ne risque rien, le seul risque qu'on ait jamais pris est celui de venir au monde. Dès lors, on est capable de faire face à tout le reste, mort comprise.

Cette sagesse, c'en est une, se développe au cours de l'analyse comme mûrit un fruit. Alors pourquoi à certains moments nous abandonne-t-elle pour nous laisser au fond du gouffre, avant de nous revenir, rayonnante, quelque temps plus tard ?

La psychanalyse a cela de commun avec la religion qu'elle fait toucher du doigt le mystère. Sans nous faire la grâce d'aucune explication.

Ce préambule pour en venir à quelque chose qui a dominé ma vie et qui pourtant, aujourd'hui, grâce à l'analyse, me paraît avoir à peine existé : ma stérilité.

Ayant fini, non sans mal, par « compenser » mon

manque, je ne parviens plus à retourner à ma douleur primitive, et à sa métamorphose — sa sublimation — en quelque chose d'enfin vivable.

J'ai déjà évoqué cette tuberculose qui m'a atteinte à l'âge de la puberté, après une primo-infection de forme pulmonaire. La maladie aurait pu en rester là, puisque le poumon a guéri ; alors comment se fait-il qu'elle se soit « enterrée » pour devenir génitale et invalidante ?

Si je n'étais pas entrée en analyse, il ne me serait jamais venu à l'idée de chercher une cause psychique à ma stérilité ni de la relier à un traumatisme datant de mon enfance.

L'aurais-je pensé à part moi que je n'oserais peut-être pas en parler — de crainte de ne pas être crue — si, dans un ouvrage paru juste après sa mort et qu'elle avait eu le temps de corriger, *Quand les parents se séparent,* Françoise Dolto n'y faisait, en quelques lignes sans équivoque, le récit de mon cas, tel qu'elle me l'avait déjà interprété.

Quand je suis entrée en psychothérapie avec elle, j'ai, bien sûr, évoqué le divorce de mes parents, lié pour moi à une scène qui m'était restée très présente à l'esprit, même si je n'en ressentais plus de douleur.

Chez nous, je l'ai dit, comme dans la plupart des familles de l'époque, le silence était de rigueur, surtout vis-à-vis des enfants. J'avais sept ans, j'adorais mon père et ma mère, l'un comme l'autre des gens merveilleux et je ne soupçonnais pas qu'il pût exister quelque désaccord entre eux.

C'est mon père qui me l'apprit d'une façon soudaine : nous étions au rez-de-chaussée du petit immeuble où nous vivions en famille, comme il était d'usage en ce temps-là, avec ma grand-mère et ma tante.

Soudain, je ne sais plus à quel propos, peut-être était-ce sans transition, cet homme si pudique me chuchota dans une sorte de sanglot : « Ta mère me chasse ! »

Je n'avais que sept ans, je ne sais ce que j'ai compris — sans doute tout —, mais en guise de réponse je laissai échapper un hurlement. Ce devait être un appel au secours. Mon père — il était grand, j'étais petite — se précipita sur moi et me plaqua la main sur la bouche, comme un bâillon : « Tais-toi, tais-toi... » En même temps, il regardait du côté de l'escalier. Je le sentis terrorisé à l'idée de voir surgir ma mère, ma tante ou ma grand-mère dont il devait craindre les foudres du fait qu'il m'avait « affranchie ».

Je ne conserve aucun souvenir de ce qui s'est passé par la suite, pas même du départ ultérieur de mon père. Cette scène surnage seule et même si, par la suite, j'avais pris l'habitude de déclarer que « je me passais très bien de mon père », évoquer ce moment de l'anéantissement de mon bonheur, à tant d'années de distance, me glace encore.

Peut-être parce qu'en dehors des quelques mots

qu'il me décocha et qui étaient lourds de sens — « Ta mère », ta mère et non pas ma femme, on voit la nuance, « me chasse », autrement dit : « Je ne suis pas d'accord, mais je n'ai ni le pouvoir ni la force de m'y opposer » — rien d'autre ne fut exprimé par lui ou par moi. Ce fut un drame « sans paroles ».

Françoise Dolto, après que je lui eus conté le fait, s'y arrêta aussitôt et me le fit redire bien des fois. Je la sentais alors se concentrer, plus exactement « me rejoindre ». Soudain, elle était là, avec moi, dans ce hall au carrelage de mosaïque noir et blanc où je vis, une fois, ma petite sœur lâcher sa poupée à la tête de porcelaine. Quel désespoir, là aussi, quand sa poupée « mourut » ! Si le fait me frappa tant, alors qu'il ne s'agissait pas de ma poupée à moi, c'est qu'il devait symboliser mon malheur. Ma sœur avait d'ailleurs eu plus de chance que moi dans le sien, elle avait pu crier, hurler, se faire consoler et offrir une autre « fille », pas moi : je serais à jamais privée d'enfants.

La grande analyste finit par me demander :

— Ne m'as-tu pas dit que pendant des années tu n'as pas pu crier, que tu restais muette quand tu te blessais ou te faisais mal, et que tu avais une voix sourde, à peine audible ?

— Oui.

— Je pense que c'est parce que ton père t'a mis la main sur la bouche. On t'a interdit d'exprimer ton chagrin. Et ça t'est resté.

Quand un analyste vous fait une interprétation tellement simple et assurée on commence par se dire : « Qu'est-ce qui lui permet d'être aussi péremptoire ? Après tout, ça n'est peut-être pas vrai... »

Et puis on se ramasse sur soi — moi du moins — et on se met à l'écoute de ses voix intérieures. Aucune, là-dessus, n'est jamais venue me dire « non, ça n'est pas ainsi ». C'est donc que c'était vrai. En tous les cas possible...

Quand ça n'est « pas vrai », quand l'analyste fait fausse route, et ça leur arrive, à Dolto comme aux autres, d'être erronnés, eh bien, on s'y oppose tout de suite, on proteste, on se dit : « Je me suis mal expliquée, elle (ou il) a mal compris. » Je me rappelle que je rejetais une fausse interprétation d'une façon qu'il m'était difficile de confondre avec une « résistance ».

Ce qu'on nomme la résistance, c'est-à-dire le refus de reconnaître d'emblée la vérité, prend plutôt la forme du blanc, du vide, du « pas non ». Et quand c'est « pas non » c'est que c'est « oui », comme on s'en apercevra par la suite, aux résultats. (L'un étant que j'ai retrouvé ma voix !)

Mais nous n'en étions qu'au tout début de la chaîne causale, engendrée par cette scène d'une violence d'autant plus meurtrière que sa suite fut muette. Il fallut bien des séances, des questions, des réponses, des rêves, des interprétations, des mises en rapport de certains faits — trop longs à exposer

— pour que Françoise Dolto en vienne à sa conclusion : « C'est toi qui t'es rendue stérile, par chagrin, quand tu as appris de la bouche de ton père que tes parents divorçaient. »

Ce ne sont peut-être pas ses mots exacts, c'est pourquoi je préfère citer le paragraphe qui en fait état, à la page 33 de son livre (je précise que pour Françoise Dolto, toute enfant de plus de trois ans est une « jeune fille ») :

« Cela me rappelle l'exemple ancien d'une fillette non encore réglée, à qui son père avait annoncé qu'il allait quitter sa femme. C'était une jeune fille calme, qui savait déjà se contrôler. Or, quand il le lui a annoncé, elle a poussé un hurlement de bête blessée et a ressenti une douleur épouvantable au ventre. Au moment de ses premières règles, cette jeune fille a fait une péritonite tuberculeuse et elle est restée stérile. Elle se souviendrait toujours, disait-elle, de ce bouleversement de son ventre et de ce hurlement de douleur, car le hurlement avait été concomitant. Son père venait de lui annoncer la séparation, et c'est cette douleur qui l'avait fait hurler. Je pense que, si cela s'est passé ainsi, c'est parce que la nouvelle lui a été annoncée dans une relation duelle père-fille, alors qu'elle aurait dû lui être annoncée dans une situation triangulée : aussi bien par la mère que par le père. »

Qu'on imagine ce qu'a pu faire dans mon esprit, même amenée avec précaution et des années plus tard, cette révélation stupéfiante : je m'étais rendue stérile « exprès », par désespoir d'amour !

Par culpabilité aussi, j'avais dû me sentir responsable de la séparation de mes parents — tout enfant, à l'âge œdipien, le pense facilement — et, de surcroît, incapable de les réconcilier.

Stérile exprès ! L'esprit humain a donc tant de pouvoir sur le corps ? Et comment cela se vit-il, même si l'on n'en a pas conscience ? Cette fois, c'est sans l'aide d'un analyste que je peux répondre à cette question : mal !

38

Je n'étais pas encore en traitement avec Dolto, quand Gisèle Halimi me demanda de prendre la parole à un congrès qu'elle organisait à Paris, à l'U.N.E.S.C.O., sur le thème du droit à l'avortement et qui s'intitulait : *Choisir de donner la vie.*

— Mais je n'ai jamais eu à choisir, je suis stérile !

— Justement, je trouve intéressant pour nous d'avoir l'avis d'une femme sans enfants.

— En plus, je ne sais pas parler, je n'ai pas de voix !

— Il y a des micros, et puis vous n'avez qu'à écrire votre texte et vous le lirez.

Le lendemain, terrifiée de me jeter ainsi à l'eau, c'est-à-dire de prendre pour la première fois la parole en public, en plus sur un sujet auquel je ne réfléchissais jamais, que je croyais réglé — j'en avais parlé à Christian et à Serge —, je me mis devant mon papier. Le premier mot qui sortit de ma plume fut : « Non ! »

Mais je préfère citer le début de ce qui me vint

d'une traite et me sidéra moi-même, comme cela surprit l'auditoire quand je le prononçai, le 5 octobre 1979. (On peut trouver l'intégralité de ma déclaration dans le numéro 420 de la collection Folio, chez Gallimard.)

Non, je n'ai pas eu d'enfants.
C'est une phrase négative.
Quand je veux parler de moi je suis contrainte de me définir par une phrase négative.
Je n'ai pas pu en avoir.
Je n'ai jamais été enceinte.
Le problème de l'avortement ne s'est pas posé pour moi.
Je n'ai pas eu à décider si je désirais, ou non, donner la vie.
Choisir, je ne sais pas ce que c'est.
Je n'ai pas eu le choix.
Toujours des phrases négatives.
C'est sur tous les papiers administratifs.
Situation : sans enfants.
On est privé de quelque chose.
On est un être mutilé.
C'est dans la tête des gens.
On le lit dans leur regard.
Avec une question :
— Qu'avez-vous fait pour en arriver là ?
Reproche implicite qui date du fond des âges : si le ciel prive une femme d'enfant c'est qu'elle a fait quelque chose de mal.

On la traite alors en maudite.
Ou en inutile.

C'était donc ça, je me considérais comme un être « négatif », une femme en pointillé, l'ombre d'une vraie femme et jusqu'ici je ne le savais pas ?

Cette fois, ça n'était pas la psychanalyse qui m'avait révélé ma vérité, mais l'écriture. (C'était l'analyse qui avait débloqué l'écriture.)

A partir de là, je me mis à réfléchir aux échecs que j'avais rencontrés en amour, et pour commencer dans mon mariage. N'avions-nous pas divorcé, mon époux et moi, sous le prétexte que je ne pouvais pas avoir d'enfants ?

Et l'homme que j'avais ensuite souhaité épouser et qui avait choisi de rester avec sa femme et ses enfants, qu'aurait-il fait si je m'étais trouvée enceinte ?

Dans la même voie, je pouvais me demander si d'autres hommes avec lesquels j'avais eu des relations d'amour, depuis mon divorce, se seraient conduits comme ils l'avaient fait si j'avais été fécondable.

Une femme stérile est un être à part, dont les hommes ne se sentent pas « responsables ». Plusieurs me l'ont carrément déclaré. J'ai depuis rencontré bien des femmes dans mon cas, il en existe beaucoup, et toutes m'ont avoué la même chose : elles ne se sentent pas traitées comme les autres femmes et du coup ne le sont pas.

A l'époque, nous, les femmes stériles, étions malgré nous poussées vers ce que l'ensemble des femmes réclame aujourd'hui à grands cris : l'indépendance et l'autonomie ! On peut désormais se poser la question : est-ce un bien ou un mal ? Le féminisme à outrance — qui consiste en particulier à nier la différence des sexes — n'aide pas à approcher la vérité, même si, sur l'instant, il déculpabilise un peu. (« Nous les femmes avons toujours raison, eux les hommes ont toujours tort. »)

La réponse, tout le monde peut la donner à ma place : cela dépend de la façon dont on prend la situation ! Si on utilise sa stérilité comme une arme que l'on retourne contre soi à toute occasion, si l'on s'en sert pour se torturer soi-même, c'est destructeur et sans appel. Mais si l'on admet que l'on a, de ce fait, un autre destin que les femmes fécondes, la possibilité d'instituer des liens de nature différente avec les hommes, comme d'ailleurs avec les enfants, cela peut ouvrir les portes d'une nouvelle espèce de liberté.

C'est l'état que choisissent certaines femmes, comme les religieuses, qui se refusent à avoir des enfants pour ne pas être reliées à seulement quelques êtres, les leurs, mais disponibles à tous. (Sœur Emmanuelle considère tous les enfants comme « ses » enfants et elle m'a ouvert les yeux là-dessus.)

Longtemps j'avais pensé que ne pas avoir d'enfants m'était « tombé dessus ». Je me rappelle m'être dit quand le médecin me l'a appris : « Pourquoi moi ? »

Et voilà que la psychanalyse, par l'intermédiaire de Françoise Dolto, me répondait : « C'est toi qui l'as voulu ! »

Ce qui n'est pas à prendre pour une accusation, bien sûr, car si je l'ai « voulu », c'est que je ne pouvais pas faire autrement, je m'étais retrouvée, à sept ans, mutilée dans mon être. Les cures pour adolescents auraient-elles existé, peut-être m'en serais-je remise, dans mon esprit comme dans mon corps, et aurais-je pu, moi aussi, mettre au monde une famille. Celle qui m'a tant manqué.

Ça n'est pas certain. La psychanalyse n'est pas une panacée, elle ne guérit pas de tout. Ce qu'elle a pu faire pour moi, sur ce plan-là, c'est toutefois me rendre consciente.

Je n'ignore plus, comme ce fut le cas si longtemps, que j'ai été sevrée de donner des enfants aux hommes que j'ai aimés, et des petits-enfants à mon père. Si je ne songe pas en premier lieu à moi, c'est que mon bonheur passait par celui de ces hommes-là.

L'analyse, pour en revenir à elle, n'a fait que me rendre consciente de mon malheur et capable d'en parler à autrui, sans en éprouver de la honte et sans plus chercher à nier mon manque ou ma douleur.

Le « bâillon » s'est levé.

39

Le lecteur, maintenant bien averti, va-t-il pouvoir faire seul le pas suivant ? (Cela exige un retour en arrière, car c'est ainsi que procède l'analyse, par *feed-back* : après toute prise de conscience, il s'agit de réviser le passé pour le remettre au « goût du jour ».)

Je venais de prendre conscience que si j'avais si fort perdu les pédales quand j'avais voulu me jeter sous le métro, en apparence sans raison, c'était en réalité à cause de ma stérilité, parce que je ne pouvais pas avoir d'enfants. Ce dont à l'époque je n'étais pas du tout consciente !

Au contraire, je voulais croire que j'étais une meilleure compagne pour un homme, du fait que je n'étais pas obligée de m'occuper de « marmots ». Rien ne me retenait à la maison, je pouvais donc travailler autant que lui, faire tout avec lui et pour lui sans le quitter jamais.

En somme, je me jugeais « plus » que les autres femmes. C'était pour tenter de me rassurer car une autre voix en moi me disait que j'étais « moins ». A l'évidence, je ne me considérais pas comme une vraie femme. Et quand j'arpentais les rues de Paris en me répétant : « Où est ma place ? Je n'ai pas de place ! », j'aurais dû ajouter : « Ma place de femme sans enfants ! »

C'était ça qui était en jeu et qui, à mon insu, me désespérait ! En laissant la maladie détruire en moi ce qui devait assurer l'avenir, j'avais sans le savoir cherché à punir mes parents de m'avoir fait « ça » : divorcer ! Or, c'était moi, parvenue à l'âge adulte, que j'avais punie, mutilée. Une femme sans enfants ne vit pas l'amour comme les autres. De Marilyn Monroe à Dalida, Vivien Leigh, Soraya, Fabiola, que d'exemples célèbres de femmes plus ou moins désespérées d'être inféconde, pour beaucoup réduites à la solitude, cherchant refuge dans les somnifères, puis le suicide.

Mais je ne vais pas m'étendre indéfiniment sur le drame de la « femme stérile » et si j'ai pris mon propre cas en exemple, c'est qu'il illustre clairement la façon dont un traumatisme survenu dans l'enfance, bien que connu et conscient (j'en avais parfaitement gardé le souvenir) peut quand même être « nié », dans son importance comme dans ses effets (la stérilité).

Lesquels engendrent des conséquences de plus en plus dangereuses pour l'intéressé du fait qu'elles lui sont incompréhensibles, jusqu'à la découverte par l'analyste de l'enchaînement causal qui les provoque. Se dire qu'il y a une « raison » à son mal soulage la personne en souffrance — *« Ce que nous comprenons nous appartient »,* a dit Sartre que j'avais tant lu — et lui permet de reprendre en main son destin. Ce qui déjà le change.

Un autre fait, ayant précédé ma naissance et qui depuis tout ce temps-là pesait sur mon existence, fut également découvert par Françoise Dolto, à partir d'une sorte de hasard qui prit cette fois la forme d'un « lapsus ».

Mais avant d'en venir là, il est nécessaire que je raconte comment et pourquoi j'aboutis chez elle, après avoir achevé mon analyse avec Serge et m'être crue — je l'étais en partie — « guérie ».

40

Pourquoi notre vérité nous fait-elle si peur ?

Tout un chacun redoute la rencontre avec un psychanalyste même hors exercice — « Il va tout savoir de moi rien qu'à la façon dont je m'empare de ma fourchette ou de mon club de golf ! » —, ce qui fait que beaucoup d'analystes en arrivent, dans certaines occasions, à dissimuler leur véritable métier de crainte de voir l'assistance se figer d'un coup.

Ou alors ils déclarent qu'ils sont « psychologues », profession qu'on a désormais l'habitude de coudoyer dans les milieux scolaires, dans l'entreprise, à l'usine, au bureau de recrutement, et dont on a appris par l'expérience qu'on n'a pas grand-chose à redouter, du moins sur le plan de la plongée dans les profondeurs !

En revanche, les psychanalystes sont assimilés aux voyants. Ils risquent, croit-on, de percevoir d'un coup d'œil le passé, le présent, l'avenir de leur interlocuteur et, surtout, ses intentions ignorées !

Si tel était le cas, on se demande bien pourquoi

une psychanalyse durerait des années, parfois une décade et plus encore.

En fait, l'analyste ne voit rien d'emblée et c'est bien pour ça qu'on le paie : enfin quelqu'un qui ne « projette » pas sur vous son monde intérieur ! Son travail consiste à laisser les choses cachées venir tout tranquillement, à leur pas, à leur heure, à la surface, c'est-à-dire à la parole. D'où son incapacité constitutive d'analyser quiconque au cours d'un dîner !

Après une première heure d'entretien analytique, c'est autre chose, il a déjà perçu, ou plutôt entendu ce que vous lui avez dit. Car ce sont les dires du patient qui constituent le savoir de l'analyste, lequel, au départ, n'en a aucun. « Quand je me trouve face à quelqu'un, disait Dolto, je suis complètement vide, je ne sais rien ! »

On se doute que ce « vide » exige des années de métier et se révèle impossible aux non-analystes. Dans la vie courante, dès que quiconque ouvre la bouche, nos *pré-jugés* sautent à la rencontre de ses paroles, pour les contredire ou les approuver, et c'est ce qui s'appelle une « conversation ». L'affrontement se révèle intéressant, décevant, odieux ou délicieux, mais n'est pas assimilable à une séance d'analyse.

Parallèlement à la psychanalyse, et sans doute pour m'en reposer, je m'étais aussi mise à consulter des astrologues. Cela n'est pas contradictoire et Françoise Dolto n'était pas indifférente au fait qu'elle fût Scorpion/Cancer ; il lui arrivait même de me poser des questions sur cette symbolique que, par mes fréquentations, ma curiosité, mes loisirs, je connaissais un peu mieux qu'elle.

Quand nous songeons à nous-même, nous nous ressentons parfois dans un tel « vague », une si angoissante incertitude, que nous cherchons des repères et ceux de l'astrologie, vieux comme les civilisations, ont par là même quelque chose de rassurant. (Mme Reagan, alors qu'elle était l'épouse de celui qui fut « l'homme le plus puissant du monde » et qu'elle redoutait des attentats comme il s'en était déjà produit, n'hésita pas à consulter une astrologue.)

Qu'est-ce que j'y apprenais ? Rien de *vrai,* au sens scientifique du terme, mais plusieurs choses qui pouvaient m'être utiles sur le plan psychologique et qui m'aidaient un peu à me « cerner ». Surtout à prendre patience, c'est si long une analyse !

Quand tout en nous n'est plus qu'un magma de souffrance, d'impuissance, de terreur de l'avenir — comme chez Mme Reagan à l'époque, en dépit de toute la protection rapprochée dont bénéficiait son mari —, l'astrologie nous déclare : « Ça va passer. C'est une période. Les astres vont se pousser. En ce moment c'est votre signe qui déguste, bientôt tout ira mieux, votre ciel va changer, attendez. »

Le bienfait est immédiat, d'autant que les astrologues vous donnent des délais : huit jours, trois mois, un an.

C'est mieux qu'en médecine, où votre chirurgien vous dit : « Pour votre sortie, je ne sais vraiment pas, on verra, cela dépend comment vous consolidez. » Du côté de l'analyste, inutile de chercher à tirer de lui un pronostic, un programme, il n'en sait rien et si on lui pose la question — cela ne me venait même pas à l'idée —, il va demeurer bouche cousue.

L'astrologue, lui, a des repères chiffrables et tous ses confrères vous diront au même moment la même chose : telle configuration de planètes est en mouvement et à un jour, une heure près, son influence ne sera plus la même.

On peut donc envisager un terme précis à une situation impossible ou trop douloureuse. Vrai pas vrai, tout ce que je demandais c'était que quelqu'un m'affirmât que ce que j'encaissais n'était pas éternel. Ne le serait pas. (En tout état de cause, c'est toujours vrai.)

Le deuxième bienfait d'une consultation avec un astrologue de qualité, c'est-à-dire bon psychologue, c'est qu'il répète que vous êtes « maître de votre thème ». Mon « thème de naissance », la configuration sous laquelle j'étais née, pouvait bien se révéler difficile, conflictuelle, contradictoire, l'astrologue me déclarait chaque fois que j'avais en moi la possibilité de le dominer. A travers le maquis de sa symbolique — transits, carrés, oppositions, trigones, sextiles, quinconces, conjonctions —, que ce soit dans le domaine affectif, de l'argent, de l'administration, du rapport à la famille, il trouvait le moyen de tracer des itinéraires, de m'indiquer des façons de faire.

J'appris même que plus un thème comporte de contradictions mieux il y a moyen — en utilisant l'énergie que suscitent ces tensions — d'en tirer parti. Au cours de la consultation, on vous indique d'ailleurs vos meilleurs atouts, pour les uns ce sera l'endurance, pour d'autres la diplomatie, l'intelligence, le travail, la chance — quoi qu'il en soit, à plus ou moins long terme, vous obtiendrez l'apaisement recherché !

En somme, et c'est le mot de la fin, vous arriverez à vous accorder à votre jeu — « je ? » — de départ, au lieu de lutter contre, et à vivre en harmonie avec lui.

L'important pour moi, au cours de ces consultations plus onéreuses qu'une séance d'analyse, c'était de m'entendre répéter que j'étais maître de mon destin. Un sujet. En particulier dans ces périodes délicates où je me sentais perdre pied face au silence de l'analyste.

Bien entendu, il existe un risque qu'on ne rencontre pas chez le psychanalyste : l'astrologue a le moyen de prendre du pouvoir sur vous du seul fait qu'il prétend « savoir », avant même qu'il vous ait vu, rien qu'en montant votre thème, ce qu'il en est pour vous dans les astres. (L'analyste, lui, ne sait jamais rien d'autre que ce que vous lui dites.) On a d'ailleurs reproché à Mme Reagan de ne plus rien faire sans avoir consulté son astrologue. Elle a dû jurer publiquement qu'une fois la période difficile traversée, elle ne l'a plus revu. Un doute est demeuré. La première dame des États-Unis était-elle sous influence — et son mari avec elle — comme le fut la tsarine de toutes les Russies sous celle du métropolite Raspoutine, de sinistre mémoire ?

C'est en cela qu'il faut se méfier, non pas de l'astrologie en tant que telle, mais de cette propension qu'ont tous les êtres humains à se chercher des guides, des maîtres, des gourous, des gens qui possèdent « la réponse » à leurs problèmes et qui vont la leur fournir, moyennant finance. Ou par l'adhésion à une secte, un parti politique.

En psychanalyse aussi, on vient, bien entendu, chercher des réponses.

D'où la grande déception quand on n'en obtient pas. Le désenchantement qui peut conduire à la fureur, au détachement, à la fuite. L'analyste ne « sert » à rien.

— Que dois-je faire avec mon mari ? (Mon amant, mon fils, ma mère, mon patron...) Que faut-il lui dire ? Quelle attitude dois-je adopter ?

Silence. Quand il y a urgence, choix de vie, décision immédiate à prendre, on comprend qu'une telle neutralité irrite. On va voir quelqu'un pour se faire aider et il ne vous aide pas ! N'est-ce pas une sorte de tromperie ?

Dans l'idéal, le temps d'une analyse, il faudrait pouvoir mettre la vie réelle entre parenthèses, ne pas prendre de décisions irréversibles. On se trouve en déconstruction — ou en reconstruction —, on n'est pas encore tout à fait soi-même et on risque d'obéir à une partie de soi qui n'est pas adulte, ou en relation avec notre véritable désir.

Pendant les dix ans qu'a duré mon analyse avec Serge, je n'ai pas pris une seule décision. Tant mieux ? En fait, c'était dommage ! En pleine maturité, je ne me suis pas préoccupée de mon futur, je n'ai pas cherché à mieux assurer ma situation matérielle, en me procurant, par exemple, un appartement, je n'ai pas fait non plus de voyages, vu des gens qui auraient pu me donner d'autres chances — je passais mon temps à attendre le rendez-vous suivant. Surtout, je n'ai pas tenté de régler cette situation affective, où je ne me sentais plus à mon aise.

Toute mon énergie était comme bloquée, aspirée par l'analyse : j'étais entièrement mobilisée pour me défendre contre elle. Je ne voulais ni savoir ni admettre, par exemple, que ne pas avoir d'enfants était un handicap, je me désirais « parfaite » (seule façon, croyais-je, d'être la plus aimée). Cela s'effritait quand même et je devais utiliser le reste de mes forces à assumer les changements qui s'amorçaient dans mon être.

Aurais-je réalisé tout ce que je n'ai pas fait si je n'avais pas été en analyse ? Personne ne peut le savoir, mais à vrai dire je crois que non.

Lorsque je suis entrée en analyse, j'étais dans un état vertigineux qui ne me permettait pas d'envisager l'avenir, au-delà du jour, parfois de l'heure suivante. De plus, je considérais encore que les décisions, quelles qu'elles fussent, étaient à prendre non par moi mais par autrui, en particulier par l'homme avec qui je me trouvais à ce moment-là. Je n'avais, moi, la femme, qu'à m'y adapter.

L'idée seule d'une décision me donnait la nausée.

Aujourd'hui, je dois me forcer pour me rappeler mon impuissance. On oublie à quel point on a été mal, on n'a d'ailleurs pas conscience de l'être autant, d'où la propension de ceux qui dérapent à dire : « Mais je ne suis pas fou ! » Tel Obelix qui ne se trouve pas « gros », mais juste un peu enveloppé, nous ne nous voyons jamais « malade dans notre tête », rien qu'un peu las !

C'est seulement par différence que j'arrive à prendre la mesure de mon incapacité d'alors.

Je n'éprouve plus de difficulté à choisir, décider, trancher, au besoin me tromper, et en plus j'aime ça ! Un jeu, l'exercice de ma vitalité, de mon sens du jugement, de l'expression de moi-même. Prendre une décision, c'est imprimer sa marque, sa « griffe » comme disent les couturiers, sur un événement, le futur. C'est une forme de création, subtile et belle. On change le monde autour de soi, qui vous change en retour.

Cela, qui est l'évidence pour la majorité d'entre nous, j'ai pourtant dû le conquérir. Mes premières décisions consistèrent à planifier ces longs mois d'été où je me retrouvais solitaire, et aussi l'horaire de mes journées : à quelle heure j'allais me lever, manger, travailler, voir des gens, me coucher. (Pour la vie courante, j'avais jusque-là dépendu d'autrui.)

Tout tournait encore autour de mes rendez-vous avec l'analyste ou avec mon compagnon, mais ce que je faisais en dehors d'eux se mit à prendre de plus en plus de place, de sens et d'importance. Et même à me soutenir suffisamment pour qu'avec une soudaineté qui me prit de court la première, je puisse envisager de me passer de l'un comme de l'autre, de l'analyste et de l'amant !

41

Ainsi c'était mûr, mais il m'avait fallu dix ans !

Qu'on ne vienne pas me dire que c'est « trop » long : rien de ce qui permet un progrès dans l'être, une amélioration de la vie psychique n'est « trop ». Ni trop long, ni trop dur, ni même trop cher. (Il me semble nécessaire de préciser qu'aucun analyste de qualité ne refuse quelqu'un à cause de son âge, je connais des analysants de soixante-dix ans, de quatre-vingts. Prendre conscience de qui l'on est, de ce que l'on a vécu, désiré et de ce que l'on désire encore, peut illuminer la fin d'une vie. Or que vivons-nous d'autre que des instants ?)

Dix ans pour préparer une rupture, et cinq minutes pour l'exécuter ! C'est moi qui en pris la décision, puisque, désormais, j'en étais capable.

Revenons une fois de plus en arrière : la vie affective est ce qu'il y a de plus important pour chacun d'entre nous. Les gens qui se suicident ne le font pas n'importe quand, même s'ils sont extrêmement déprimés depuis des années, mais toujours parce que leur soutien affectif du moment, fût-ce une aventure passagère, vient à leur manquer.

Un rendez-vous décommandé ou manqué, une tromperie, un lâchage de dernière minute, et ils s'effondrent. A l'époque, le suicide de Pavese, le grand écrivain italien, avait trouvé en moi une vive résonance : c'est parce que la personne sans grande importance qui était dans sa vie à ce moment-là lui avait fait défaut qu'il décida d'en finir. Depuis, j'en avais constaté plus d'un exemple. Une jeune actrice du TNP, ma voisine à la campagne, se suicida le soir où l'homme avec qui elle croyait avoir rendez-vous se décommanda. Dalida aussi a fait sa première grave tentative de suicide parce que le jeune homme qu'elle aimait s'était donné la mort. Pour la seconde, il ne m'étonnerait pas qu'il y ait eu, là aussi, une défaillance du « soutien affectif » du moment.

Je lis dans *France-Soir* : « On empoisonne son vieux chien, il se donne la mort », ce qui n'a rien de surprenant, tout ce qui nous étaie, sur le plan affectif, nous est vital. Et il n'y a pas, dans ce domaine, d'« homme fort ». Chacun sait bien que le général de Gaulle portait un chagrin inguérissable : le décès de sa fille Anne, handicapée. Il l'aimait et elle l'aidait à être ce qu'il était. Sigmund Freud lui-même ne s'est jamais totalement remis de la mort subite de son petit-fils, la lumière de sa vieillesse. Je ne pense pas que Mme Dolto ait été la même après la mort de son mari : même si elle était aimée, chérie par ailleurs, elle n'avait plus de « soutien affectif » rapproché. Quelqu'un à qui raconter sa vie tous les soirs, avec qui on fait le point.

Un être humain « puissant et solitaire » n'existe pas. Chacun sait combien Picasso, ce génie, « pompait » ses compagnes. Tous ceux qui connaissent un homme politique ou un autre savent qu'il est accompagné, fût-ce plus ou moins clandestinement. Hitler avait Eva Braun, Ceaucescu son épouse, pour parler de tyrans barbares qui ont besoin d'être soutenus, tout comme les autres, jusque dans leur bestialité.

Cela fait rire — ou pleurer — tant nous avons à l'esprit l'image d'un Père tout-puissant qui serait à lui-même sa « cause première ».

Or, même notre cher, notre merveilleux analyste a besoin d'étais affectifs, sa femme, ses enfants, son meilleur disciple, et nous ! Les analysants soutiennent leurs analystes. Bruno Bettelheim, avec qui j'ai échangé une correspondance amicale pendant près de dix ans, s'est suicidé parce qu'il était malade, sûrement, parce qu'il ne recevait plus de patients, mais aussi parce qu'il avait perdu sa femme. Il m'avait envoyé une dernière lettre, juste avant le décès de son épouse, pour me dire qu'il n'avait plus la force d'entretenir des liens avec le monde extérieur, fût-ce avec moi, qui étais son amie. Il penserait toujours à moi, ajoute-t-il, mais il n'avait plus les mots pour le dire. Il se retrouvait seul face à son gouffre, lui qui avait tant exploré les gouffres d'autrui, et c'était intolérable. D'ailleurs, à tous ses séjours en France, il refaisait la même déclaration, à moi comme aux autres, en posant sa main sur le genou de Trudie : « Vous voyez cette femme-là ? Eh bien, sans elle, je n'aurais rien accompli, je n'aurais rien pu faire. » Ça n'était pas une formule de politesse, c'était à prendre au pied de la lettre, il l'a prouvé.

Du plus humble au plus orgueilleux, nous sommes échafaudés les uns sur les autres. Entremêlés. Ceux qui sont les plus bas, les plus fragiles, les plus muets, aidant ceux qui sont au sommet à se maintenir dans leur situation exposée.

Curieux comme cette image de la solidarité intrinsèque de toute l'humanité est mal vue, mal acceptée, parfois violemment refusée. Je la trouve plutôt réconfortante. Et, s'il en était besoin, la psychanalyse le confirme encore : beaucoup de nouveau-nés « soutiennent » leur mère. Non par leur faiblesse mais au contraire par leur force. Le plus étonnant est qu'à peine nés ils l'ont compris. (Sans doute dès le ventre.)

Tout cela m'est apparu au long cours, révélé par le génie de personnes que j'ai eu la joie de fréquenter, comme Françoise Dolto, Bruno Bettelheim, ou d'autres que j'ai eu le bonheur de lire, et cela me réjouit.

Mais il n'est pas forcément besoin d'avoir recours à des esprits aussi hautement autorisés, l'expérience de tout un chacun suffit à s'en convaincre. Les vieilles personnes qui perdent le conjoint de toute une vie répètent la même chose : à qui parler désormais ? Et aucune psychanalyse ne vous délivrera de ce besoin humain, trop humain, d'un interlocuteur intime. De quelqu'un qui vous accepte tel quel. De quelqu'un qui est là. Fût-ce seulement par habitude. (Même s'il vous écoute sans vous répondre, comme le fait un chien.)

Tout ce que l'analyse peut faire, en ce domaine, c'est de vous fortifier contre le vide, l'absence, le manque, en somme la solitude. On finit par arriver à se sentir relié à certains êtres, puis à tous les autres, même si le lien n'est pas physique et permanent. (« J'aime les gens, tous les gens », disait Françoise Dolto à la fin de sa vie, l'air étonné.)

C'est cela que j'avais construit en analyse, lentement et sans m'en apercevoir, un réseau affectif. A cause de mes livres, de mon activité de journaliste, je ne me trouvais plus aussi seule. Grâce à mes écrits j'étais même en liaison avec beaucoup de monde. De plus je m'étais entraînée, sans le chercher, à parler vrai à plus de gens qu'avant, à presque tous ceux que je rencontrais, des inconnus, fût-ce pour une minute, dans un magasin, à un arrêt d'autobus.

Brefs petits moments d'échange où l'on se constitue pour l'heure à venir un peu de « soutien affectif ». L'autobus démarre, les passants passent, mais ce qui est acquis reste acquis.

J'avais aussi des amis un peu partout, à Paris, sur mes lieux de vacances, à l'étranger et j'entretenais une vaste correspondance. Personne ne m'avait recommandé de le faire, certainement pas l'analyste, mais cela s'était fait « tout seul ». J'avais découvert qu'autrui existe et que je n'étais pas l'unique habitante de cette planète. Bien sûr, aucune de ces relations distantes et parfois éphémères ne peut remplacer une véritable relation d'amour, mais elles permettent de poursuivre. D'attendre.

Pourquoi est-ce ce jour-là plutôt qu'un autre que j'ai soudain refusé de recevoir cet homme en lui disant : « C'est fini » ? Je ne sais pas ce qu'il a compris de mon évolution, peut-être a-t-il été soulagé, lui aussi, car je devais être lourde à porter, dans ma sempiternelle exigence, mais il n'a pas insisté et ce fut, en effet, fini.

En me rendant chez Serge, le lendemain, j'étais assez fiérote, j'étais arrivée à me « libérer » sans en mourir, comme je n'avais cessé de lui dire que tel serait le cas si ma relation passionnelle se rompait.

Là aussi j'ai oublié les mots que j'utilisais, de même que sa réaction, s'il en a eu une. Ce que je sais, c'est qu'en sortant de chez lui je me suis dit : « La prochaine fois... Non, la fois d'après, je vais lui dire que nous pouvons interrompre l'analyse, je sens que je n'en ai plus besoin. »

Avais-je pris goût à la rupture, voulais-je exercer mon pouvoir tout neuf de décision ?

Serge dut le percevoir, car au rendez-vous suivant, c'est lui qui prit les devants : « Peut-être pouvons-nous nous en tenir là ?

— J'allais vous le demander, répondis-je, prise de court. »

Et nous arrêtâmes. Pour toujours. Du moins entre cet homme-là et moi.

Mais qui est entré en analyse n'en sort, en réalité, jamais.

J'allais le découvrir.

42

Est-ce par lassitude, par raison, ou « pour voir », comme au poker, qu'analyste et analysant décident un beau jour que le traitement est achevé ? Est-il vrai qu'on est arrivé au bout de sa tentative de régénérescence, que le mal est extirpé, en tout cas suffisamment affaibli pour que le chemin de vie s'ouvre plus large, et qu'on n'ait plus qu'à y aller, dans une plus grande lumière de la conscience ?

La réponse est dans la rechute !

Rien n'est pire qu'une rechute. Comme dans une maladie dont le médecin vous avait affirmé que c'était fini, que le traitement en était venu à bout, la bonne santé ayant repris le dessus, voilà soudain que ça recommence !

Ce qui est terrifiant dans le phénomène de la répétition, c'est qu'elle rend tout irréel ! Pris dans l'engrenage de « l'éternel retour » on a le sentiment que rien n'arrive « pour de vrai », un mécanisme est à l'œuvre, plus fort que soi.

Et à peine m'étais-je retrouvée libre de mon

double lien, au lieu d'en profiter pour mieux organiser mon existence, je m'abandonnais à nouveau au coup de foudre ! Quasiment avec le premier homme disponible, tant j'étais incapable de demeurer dans ce qui m'apparaissait comme « le vide », alors qu'il s'agissait de ma vie à construire ! (Quelque chose en moi, qui à l'époque n'avait pas le pouvoir, s'en arrachait les cheveux !)

Au début tout alla bien, je l'aimais, il m'aimait, me l'assurait du moins, je me vis déjà « mariée » et retombai dans mon désir de possessivité, de fusion, de jalousie folle, tous symptômes manifestant à quel point je me sentais encore dans l'insécurité.

Ce qui fait qu'en quelques semaines et pas mal de scènes plus ou moins douloureuses, je me découvris tout aussi piégée qu'avant ! Alcooliques, drogués, accros, longue est la liste de ceux qui sont passés par là : se croire libéré, « désintoxiqué », pour replonger à l'improviste, plus profond encore.

Avec ce nouvel homme, et même si les circonstances étaient différentes — il n'était pas marié — je me retrouvais en pleine « répétition ». Là encore j'y étais allée avec toute ma sincérité, l'entier de mes forces, le meilleur de moi-même, dans un besoin de présence accru par une trop longue traversée du désert et une crédulité totale.

Le pire aspect du « démon la névrose » est qu'il nous fait tout oublier de nos expériences précédentes, au point qu'elles ne servent à rien. Je croyais de tout mon cœur que cette fois était la bonne, me convainquant que je n'avais pas aimé pour de vrai auparavant. D'ailleurs je ne partais pas du même pied, cet homme-ci non plus — comme moi il avait essuyé des échecs qu'il me racontait par le menu — et nous étions bien décidés, ensemble, à les oublier.

Je ne parle déjà plus du même homme ! Entre-temps, il avait « éclaté » ! Les suivants aussi ! Incapables, je les comprends, de soutenir une telle pression, alors qu'ils ne cherchaient souvent qu'une agréable aventure avec une femme « libre ».

A chaque nouvelle rencontre, ma passion frustrée s'exaspérait jusqu'à la furie de l'échec précédent. Mon exigence aussi : il me fallait sans plus tarder du définitif ! (Quand on lit, dans les journaux, qu'une « star » ou une autre en est à son énième mariage, je sais maintenant quel aveuglant mécanisme de répétition est à l'œuvre.)

Bien entendu, je ne me rendais absolument pas compte que j'attirais toujours le même genre d'hommes (les « stars » non plus, c'est nous qui détectons la ressemblance sur les photos). Ils pouvaient être totalement différents au moral comme au physique, ne pas avoir le même âge ni le même genre de métier, quelque chose en eux était identique.

Était-ce ne pas aimer vraiment les femmes ? Rechercher la vengeance ? Se repaître de la douleur d'autrui ? Vouloir ne vivre que des « commencements » ? Ça n'est pas leur analyse que j'ai entreprise ici, c'est la mienne.

Il suffit qu'on sache que cela se terminait immanquablement de la même façon, tout à coup, l'homme « passionné » à qui je croyais avoir affaire, au lieu de l'être dans l'amour l'était dans la haine.

Il n'y avait plus qu'à rompre et la plupart du temps c'était moi qui en prenais l'initiative dans une désespérance qui touchait à l'intolérable.

Toutefois, et c'était ça le bénéfice de l'analyse avec Serge, je ne cherchais plus à me tuer. Désormais, je voulais comprendre, en sortir, en finir avec l'incohérence, puisque j'avais pu me rendre compte que c'était possible. Je pouvais atrocement souffrir, je ne perdais pas espoir.

Et c'est au beau milieu d'un conflit inextricable avec quelqu'un dont je devais par la suite découvrir qu'il souffrait de troubles mentaux — d'où l'élan qui l'avait jeté vers moi, il avait dû percevoir que dans la disposition où je me trouvais j'étais à même de le « comprendre », ce qui était vrai ; toutefois je ne pouvais pas le soigner pour autant —, c'est dans un état d'impuissance, de douleur et de fureur mélangées que je téléphonai un jour à Mme Dolto. Je connaissais d'elle ses émissions de radio, les quelques livres qu'elle avait alors publiés, ce qui m'avait incitée à aller l'interviewer. Nous nous étions un peu liées et je lui avais plusieurs fois rendu visite, sur un plan amical.

Elle commença par faire des objections, elle était

à la retraite, elle ne prenait plus personne, d'ailleurs elle m'avait déjà rencontrée et elle éprouvait à mon égard des sentiments d'amitié, ce qui peut être un empêchement à un traitement. Je ne sais ce que je lui dis, je crois qu'elle perçut à quel point j'étais à la limite de mes forces et, en même temps, déterminée à m'en sortir, car je ne l'ai jamais interrogée sur les raisons qui lui ont fait changer d'avis. Une amie commune, psychanalyste elle aussi, la qualifie aujourd'hui de femme « osée », elle entend par là d'un grand courage. Est-ce pour cela que Françoise me dit soudain :

— Bon, eh bien venez tel jour, on va essayer.

« Être utile », telle était sa ligne de conduite, ce qui la soutenait, en plus de sa croyance religieuse, dans une existence quotidienne emplie à ras bord par la souffrance d'autrui.

Dès le premier instant, ce fut magique. Mme Dolto m'avait prévenue : elle n'allait pas me prendre sur le divan, d'ailleurs encombré à l'époque par une montagne de livres, lus, à lire, juste reçus, sans compter les manuscrits qu'elle avait en train, les notes, le courrier. (Bien plus tard, j'allais l'aider à mettre de l'ordre dans ce fatras, cette couche archéologique d'une vie de travail intense, et cela reste l'un de mes plus précieux souvenirs.)

Quand on n'est pas sur le divan, je l'ai dit, cela ne peut pas s'appeler véritablement une analyse, c'est une psychothérapie de soutien. Toutefois, avec Françoise Dolto, tout faisait analyse. Révélation.

Enseignement. Même les journalistes qui allaient la voir, des plus petits aux plus grands d'entre eux, en ressortaient illuminés. Pourquoi pas moi ?

Je lui racontai en vrac mes « malheurs ». Jusqu'au dernier, cet homme avec lequel je me retrouvais empêtrée comme jamais, après dix ans de psychanalyse ! C'était à n'y plus croire, ni en moi-même ni en rien. En plus je souffrais comme une folle, comme toujours. J'avais une capacité extrême de souffrir.

Elle m'écouta d'une façon que je ressentis comme compatissante. Elle avait en effet un don hors de l'ordinaire pour pénétrer la souffrance d'autrui, la comprendre sans pour autant la faire sienne. Elle restait à l'extérieur. Et de sentir quelqu'un si près de votre douleur, qui en pénètre les moindres méandres, la preuve en étant qu'elle peut en détailler tous les aspects et, en même temps, qui n'est pas « dedans », vous commencez à penser — ou plutôt à ressentir — que la délivrance est possible ! La souffrance est quelque chose qui se trouve en vous mais dont on peut sortir !

D'ailleurs, tout le temps que j'étais auprès d'elle, je n'étais plus dans ma souffrance, la douleur était là, posée entre nous, comme si elle n'était celle de personne. Ça n'était plus « pour de vrai ». Le vrai, c'était mon lien par-delà la vie et la mort avec cette femme qui m'avait tout de suite fait sentir qu'elle n'était pas ma mère !

Ah ! là non, j'en avais une, cela devait me suffire.

Elle, c'était autre chose, elle était mon analyste. (Plus tard, quand elle fut devenue mon amie, elle me signifia à nouveau qu'elle n'était toujours pas ma mère, en dépit de tout le savoir qu'elle avait maintenant de moi, mais ma sœur, mon amie de cœur.)

Alors qu'est-ce que c'était que cette douleur d'où l'on pouvait entrer et sortir à son gré ?

Nous la laissâmes momentanément tomber, puisqu'elle ne me submergeait plus, et nous entreprîmes de faire l'historique de ma famille, chose que j'avais peu faite jusque-là. Parents, grands-parents, arrière-grands-parents des deux lignées. Pour certains d'entre eux, j'ignorais tout et devais me renseigner. Peu à peu nous reconstituâmes des arbres généalogiques à peu près complets dans lesquels elle se repérait mieux que moi. Elle avait même donné des surnoms à tous ces gens pour la plupart morts, ainsi mon grand-père paternel, tailleur de pierres de son état, était-il devenu, pour Françoise Dolto, le « grand-père granit ». Qu'elle me ramenait aux moments les plus surprenants.

— C'est peut-être à cause du grand-père granit que tu fais ci ou ça...

Qui de ma lignée influençait mon choix d'homme au point que je me trompais si régulièrement, que je ne prenais jamais « le bon » — à ce que je croyais du moins — et que je me retrouvais toujours le bec dans l'eau ?

Il fallait peut-être renverser les données du problème : et si c'était moi, l'irrégulière, qui n'aimais, sans vouloir l'admettre jusque-là, que les aventures et n'aurais pour rien au monde choisi quelque père tranquille ?

Qu'on me laisse mes secrets, même Françoise Dolto ne les a pas tous sus. Certaines choses ne regardent que moi, et c'est de ce « moi » qu'il s'est agi en analyse avec elle.

Ce que nous désignons par le mot « moi », quand nous parlons de nous est quelque chose d'aujourd'hui contesté par la théorie analytique qui déclare, sous la plume de certains, qu'il n'y a pas de « moi », que c'est une illusion, un reflet, comme en connaissent les astronomes. De même, le philosophe Michel Foucault professait que « l'homme n'existe pas », que c'était, là aussi, une construction de notre esprit.

Pourquoi pas. Dès qu'on pense, tout est permis et tout fait avancer. Mais quand je ne pensais pas, quand je souffrais seulement comme une damnée, ainsi le jour de ma première visite à Maud, je m'étais bien aperçue que j'avais au cœur de mon être quelque chose de plein, d'entier, de « dur » même, de compact, la preuve en étant que cela s'était brisé. Et je l'avais appelé *moi*. Tout le temps que cet « objet », cette concrétion fut en morceaux, je m'étais trouvée extrêmement vulnérable à tout ce qui venait de l'extérieur, je l'ai dit, au point de trembler de frayeur ou de crier de joie rien qu'aux images diffusées par la télévision.

Puis la « chose » s'était peu à peu reconstituée et je ne l'avais pas trouvée sympathique. J'avais repris du personnage, comme on dit du poil de la bête, le mien, celui de toujours. Et un personnage, c'est toujours quelque chose d'affecté, d'étriqué, d'un peu prétentieux, il tient à « faire figure ». Cependant, je l'avais réendossé comme on se rhabille après l'amour. Il le fallait bien, on ne doit pas se promener toute nue, c'est contre la loi et la prudence. Et je m'étais donc retrouvée avec un « moi » en bonne et due forme.

Toutefois, avec Françoise Dolto, nous avons fini par le décréter, ce moi, un peu faiblard. Je savais mal me « défendre », c'est elle qui le constata. Je laissais facilement autrui, par amour croyais-je, prendre le dessus. Je voyais avant tout les raisons de mon partenaire, oubliant les miennes. D'ailleurs, moi je n'en avais pas, je n'avais que du désir... Un jour, je finis par lui dire : « Mon moi est gros comme un pois, c'est un moi chiche, tout le reste ce sont des projections. »

Cela nous fit rire, mais Françoise, en dialogue analytique, ne riait jamais tout à fait. Je le voyais à ses yeux, qui demeuraient graves, scrutateurs derrière ses lunettes.

Qu'est-ce qu'il y avait « là », comme une sorte d'attachement, d'adhérence, qui me faisait tant souffrir ? Qu'est-ce qui me retenait vers des formes de moi-même révolues, qui auraient dû être abandonnées ?

En analyse, ça n'est pas comme en chirurgie, on ne « tranche » pas les adhérences, on fait en sorte que la personne elle-même en prenne conscience et s'en débarrasse. L'important n'est pas que l'analyste sache ce qui ne va pas mais que ce soit le sujet.

De séance en séance, de mois en mois, je progressais et, un jour, je lui annonçai que c'était fini avec le type en question. Et même avec tous les autres ! Ça y est, je n'étais plus capable de m'amouracher de ces personnages qui ne pouvaient pas me rendre heureuse. Si j'étais amoureuse de quelque chose, désormais, c'était du bonheur.

Je simplifie, on s'en doute. Un trajet intérieur ne peut pas être relaté. Trop de zigzags, d'allées et venues, de découvertes qu'on croit géantes et qui ne le sont pas, de minuscules glissements de terrain qui, eux, se révèlent irréversibles, de mises en mots vrais, de mises en mots faux, d'âme échangée.

Françoise avait sa douleur personnelle, en ce temps-là, son mari n'allait pas bien, puis il alla tout à fait mal et je partageais son anxiété. Aux dernières séances, avant qu'elle me demande d'interrompre parce qu'elle voulait partir au loin s'enfermer avec son malade, c'était par la douleur que nous communiquions, la douleur de vivre, d'aimer et de perdre qui l'on aime.

Était-ce encore de l'analyse, est-ce que c'en avait jamais été ? Je n'en sais rien. C'était, ce fut un grand enseignement.

43

Grâce à la méthode analytique de Mme Dolto, fondée sur une écoute totale de l'analysant (lequel, d'après elle, a « toujours raison »), je parvins ainsi à mettre à jour des faits ignorés ou refusés de mon histoire. Des révélations sur moi-même qui m'ont modifiée à vie.

Dans l'espace limité que je me suis imparti, il ne peut être question d'évoquer l'ensemble de ce travail, toutefois je tiens à donner, à partir de quelques faits concrets, un aperçu de la façon dont opérait cette grande analyste.

Après m'avoir fait rapidement creuser mes douleurs, toutes, même celles — délirantes — provoquées par la mort de quelque animal que j'aimais là aussi « à en mourir » (une fois, ce fut une portée de hérissons !) et reconstituer autant que faire se peut ma généalogie, Françoise Dolto s'aventura avec moi dans l'inconnu.

C'est le plus difficile, en analyse, arriver à énoncer ce qui gît ignoré au fond de soi et n'a pas encore de forme verbale. Pas même, parfois, de représentation. Notre douleur la plus intime, peut-être aussi la plus exquise, en fait le meilleur de nous-même, notre singularité, notre âme. Elle est souvent liée à notre naissance, ou, plus anciennement encore, dépend de ce qui s'est passé dans le ventre de notre mère.

Au cours d'une séance, Françoise Dolto, familière de ce que ses confrères appelaient le « miracle » et qui était une écoute hors de l'ordinaire — c'était ça le miracle ! — me lance ex abrupto : « Tu as eu peur de mourir dans le ventre de ta mère ! »

Je venais de commettre un lapsus et j'en étais agacée. Au lieu de dire, comme j'en avais l'intention, « un mur d'enceinte », j'avais dit « meurs d'enceinte » ! Je m'étais aussitôt reprise, vexée, comme chaque fois qu'un mot vous échappe et c'est alors qu'elle m'a décoché le trait. (Elle m'a dit plus tard que ça lui était venu comme ça, sans qu'elle eût à réfléchir, obéissant à ce foudroiement d'associations qui va plus vite que la pensée consciente.)

Je me suis tue, suffoquée. Qu'en savait-elle ? Et surtout qu'en pouvais-je savoir ?

— Tu devrais te renseigner, me dit-elle.

Il ne m'était encore jamais venu à l'idée de poser de questions à mon entourage sur ma naissance et la grossesse de ma mère ! A ma stupéfaction, j'appris que mon père et ma mère s'étaient mariés un mois à peine avant ma naissance.

— Mais tout le monde le savait, me dit ma sœur, sarcastique.

Tout le monde le savait peut-être, mais pas moi !

Je retournai, éberluée, chez Françoise : « Tu te rends compte, ils sont allés se marier en Suisse, soi-disant pour être près de ma tante qui résidait en sana, en réalité parce que ma mère était enceinte de huit mois et qu'ils ne voulaient pas d'une cérémonie officielle à Paris. Et mon père m'a déclarée à la mairie comme née le 1er septembre au lieu du 29 août, croyant ainsi gagner du temps ! »

Françoise, pour son compte, n'avait pas l'air surpris : elle avait l'habitude des découvertes à quoi peut mener un lapsus, et qu'il contient, en fait. Car ce que je venais d'apprendre, mon inconscient l'avait toujours su !

— Qu'est-ce que ça te fait ?

— Je me dis que tu dois avoir raison : ma mère a dû songer à l'avortement, mon père aussi. Ils ont fini par se marier, mais j'ai dû avoir chaud.

Par la suite, j'ai reconstitué la situation où se trouvaient respectivement mes deux géniteurs, qui pouvait, en effet, les faire pencher en faveur de l'avortement. (Ma mère, en particulier, était en pleine ascension professionnelle et ne pouvait pas s'arrêter pour avoir un enfant, elle ne le fit d'ailleurs pas et je faillis naître dans la maison de couture.) Mais c'était leur affaire, non la mienne.

La mienne c'est que j'ai dû éprouver dans le ventre de ma mère un sentiment de frousse intense, d'anxiété totale, d'impuissance terrorisée face à la mort. (Le fœtus pressent et craint la mort, cela pour ceux qui pensent qu'un avortement n'est rien : parfois la situation l'exige, mais c'est toujours au prix d'une douleur qui va laisser des traces chez les survivants.)

On me dira : « Et ça vous a avancé à quoi de savoir que vous avez failli être avortée ? »

J'ai, bien sûr, posé la question à Dolto : « Maintenant que nous le savons, ça nous avance à quoi ?

— Je n'en sais rien », m'a-t-elle répondu.

Puis nous sommes demeurées dans le silence.

C'est alors que quelque chose s'est mis en place : avant même de naître, j'avais dû lutter pour ma vie et j'avais triomphé. Découvrir que dans une si grande situation d'impuissance, j'avais été capable de surmonter un danger mortel me galvanisa : on ne m'avait pas eue, on ne m'aurait donc pas. C'est ainsi, entre autres, que je commençai à prendre possession de l'entier de mes forces.

Je me rendis compte également que si ma mère, qui m'adorait, avait été capable de nourrir des pensées meurtrières à mon égard, cela signifiait que je devais apprendre à me défendre contre tous.

Tout cela dévoilé à partir de ce « coup de dés » qu'est un lapsus ! Comment, dans ces conditions, instituer une méthode rationnelle en analyse ? Elle tient, en fait, à la qualité de l'écoute de l'analyste et à la bonne volonté que l'on met — ou non — à se laisser guider sur les étroits sentiers de « l'hypothèse ».

J'aurais pu m'exclamer : « Bêtises, fariboles ! » face à ce qui me fut révélé là. Que pouvaient me faire, en effet, des événements datant d'avant ma naissance ?

Toutefois, en lisant l'œuvre de Freud, on constate que c'est justement sur des détails, mots, bribes de rêve, souvenirs tronqués ou falsifiés par la mémoire, qu'il a établi ses théories de la sexualité et de l'inconscient qui ont bouleversé l'humanité.

Les chercheurs scientifiques, eux aussi, découvrent les secrets de la vie à partir de traces infimes. Un rien de moisissure dans une éprouvette qu'un autre n'aura pas remarqué ou qu'on a déjà, cent fois, flanqué à la poubelle, et c'est la pénicilline !

Il ne peut pas y avoir de « poubelles » quand il s'agit de ce qui émane de l'être humain. Ce qui nous apparaît comme « insignifiant » est de l'inconnu qui cherche son sens et qui a besoin de nous pour le trouver.

44

Dévoiler sur la place publique l'intimité de sa propre analyse ne s'accomplit pas sans effort. Cela m'est tellement douloureux — ne fût-ce que d'y revenir — que j'ai même essayé de ne pas parler de moi, de faire comme s'il s'agissait de quelqu'un d'autre, d'un « cas général ». Pour m'apercevoir que ce n'est qu'en confessant au plus près ce que j'ai ressenti que je peux aider le profane à se familiariser avec le déroulement d'une cure. (Tant de mythes, de peurs, de préjugés, courent encore. Ne m'a-t-on pas dit récemment : « Il paraît qu'après une analyse, on ne peut plus croire en Dieu ! » J'ai répondu : « Vous avez raison, madame, en analyse, on perd ses croyances. Ainsi, j'ai perdu la conviction que je savais tout de moi ! »)

C'est d'autant plus pénible à exposer que l'aventure n'a rien de glorieux ! Déjà penaude d'avoir à raconter combien, à une époque, j'ai pu être égarée, suicidaire, vouée aux somnifères, sans volonté, voilà qu'il faut en plus confesser que je me heurte à l'oubli, cette amnésie qu'on dit bienfaisante mais qui n'aide guère les historiographes !

En effet, comment décrire de façon plausible un trajet qu'on a parcouru les yeux fermés ? J'étais ici, je me retrouve là, par où donc suis-je passée ? Sans compter que je n'ai pas le sentiment d'avoir obtenu le fin mot de l'affaire. Cela aussi me coûte à avouer !

Toutefois, apporter un témoignage personnel — il paraît que la plupart s'y refusent — est l'unique manière d'introduire à la psychanalyse du point de vue de l'analysant. (Ce que pensent les analystes se trouve dans certains de leurs livres, dans ces descriptions de cas si bien agencées qu'on se dit parfois que c'est trop beau pour être vrai !)

Il faut qu'on sache, avant d'entreprendre une cure, que cette traversée en aveugle du « pot au noir » est inévitable. Après tout, quand on se fait opérer, on ne tient pas forcément à savoir comment le chirurgien procède, que notre chair garde ses secrets !

La chair de notre être aussi a les siens et ce qui compte, ça n'est pas tant de se remémorer ce qui s'est passé que les résultats.

Qu'en est-il alors de mon nouveau « look » ? Est-ce que je me reconnais ? Oui. Est-ce que c'est mieux qu'avant ? Il me semble. Mais comment était-ce avant ?

Il faut le demander aux autres — comme après une opération esthétique — ou tâcher de le lire dans leurs yeux. Car ce sont eux qui conservent le mieux la mémoire de ce que nous étions et sont en mesure de le comparer à ce que nous sommes devenus.

Alors mon entourage est-il satisfait du travail sur moi que j'ai opéré ?

A dire vrai non, pas tous !

C'est l'une des conséquences les plus cruelles d'une cure, les effets sur autrui de sa propre psychanalyse sont parfois catastrophiques.

Et d'une grande violence.

45

Que des personnes qui n'y sont pour rien, qui ignorent parfois qu'un de leurs proches est en traitement, se retrouvent aussi affectées et même bouleversées, suffirait à faire la preuve du pouvoir de la psychanalyse.

J'ai noté plus haut que nous sommes enchevêtrés les uns aux autres, sur tous les plans dont celui de l'inconscient. A telle enseigne qu'on a pu soutenir, en particulier chez les jungiens, qu'il n'y avait qu'un seul inconscient et qu'il était universel. Claude Lévi-Strauss a relevé pour sa part que d'une société primitive à l'autre, certaines demeurées sans contact, les mythes sont constitués d'une façon identique — ainsi l'inceste serait « tabou » partout. Qui en a décidé ainsi sinon la part cachée — inconsciente — de l'humanité ?

Quant aux politologues qui étudient les fonctionnements collectifs, ils repèrent au sein des foules un « quelque chose » qui, en période de trouble et de violence, pousse à agir « comme un seul homme ».

Jacques Lacan, pour son compte, disait que l'inconscient est « structuré comme un langage », ce qui est indiquer que ce qui se passe dans ce coin de nous-même échappant à la conscience n'est en tout cas pas le chaos. Cela aurait un sens et tout ce qui a un sens — comme le mouvement des étoiles ou celui des molécules — exerce une influence sur l'être humain.

La preuve en étant que si quelque chose change de sens dans le champ de n'importe lequel d'entre nous, son entourage en est affecté, sans même savoir comment ni pourquoi. Comme au mah-jong, on bouge ou on retire une baguette et un nouvel équilibre doit s'instaurer dans le jeu restant.

Cela ne se fait pas sans malaise, protestation, douleur : on a déjà eu bien du mal, en famille, à s'adapter à l'arrivée d'un nouveau et à la redistribution des cartes que sa naissance entraîne, voilà qu'il faut recommencer le « travail ». Cette fois, semble-t-il, sans motif.

L'analysant, quant à lui, a voulu et demandé ce changement, mais la famille pas ! Même si elle était victime du « caractère » du parent en souffrance, elle s'était organisée en conséquence. Et voilà que, tout à coup, les fondations mêmes du groupe sont ébranlées. Chacun doit malgré lui réviser sa position.

D'une certaine façon, c'est pire qu'un deuil.

Lorsque quelqu'un meurt, en effet, l'évidence du cadavre, la cérémonie de l'enterrement, le rituel religieux et social, font que la communauté accourt à la rescousse des personnes en réajustement ou en réadaptation. On se sent reconnu, soutenu, à la fois dans sa douleur et son changement de situation.

Mais quand un parent, un enfant, un conjoint, « n'est plus le même », qu'il se met à prendre des initiatives qui n'étaient pas de son style jusque-là, à répondre différemment aux sollicitations, personne ne va vous aider à vous y faire !

C'est particulièrement net dans les psychanalyses d'enfant. Dès que le petit consultant commence à « aller mieux » — et en principe c'est ce que les parents souhaitent en conduisant leur enfant chez un psychanalyste —, il est fréquent que ceux-ci interrompent brusquement le traitement : ils commencent, pour leur part, à « aller mal ».

Mme Dolto et ses confrères soulignent que c'est l'une des difficultés majeures du traitement analytique des enfants : l'incapacité de certains parents à supporter le changement de leur enfant. Dès que celui-ci va vers plus de liberté, d'expression de son désir, ils se sentent « lâchés ». L'enfant-béquille abandonne son rôle de soutien ! Alors, pour ne pas se casser la figure, c'est le sauve-qui-peut : on ne retournera plus à la consultation sous n'importe quel prétexte. (Certains parents vont jusqu'à tomber malades.) Les analystes avertis, dès qu'ils perçoivent le danger, tentent d'envoyer les parents aussi en analyse, car c'est la seule parade.

Je ne pouvais pas envoyer toute ma famille en analyse.

J'ai pourtant essayé !

Tout néophyte se révèle, la plupart du temps, un recruteur de premier ordre ! Un prosélyte acharné. Il a découvert, croit-il, la panacée, le traitement miracle et il voudrait que tout le monde autour de lui en bénéficie.

C'est qu'il est en train d'apercevoir certaines choses, dans la constitution du groupe familial, qu'il n'avait encore jamais vues et il a beau chercher à les pointer à ses proches, ceux-ci refusent obstinément de les discerner. Ils « résistent », du fait qu'il n'y a pas de leur côté de demande de changement, bien au contraire. D'autant que quelque chose en eux a commencé à sentir qu'il était temps d'organiser la défense. Alors on fait le mort, le sourd, le muet et on élève des fortifications.

Ce refus irrite le nouvel analysant, qui revient à la charge, avec un acharnement et une maladresse qui finissent par discréditer la discipline au nom de laquelle il cherche à agir. Ce ne sont jusque-là qu'escarmouches de surface, car le sujet n'a pas encore commencé à bouger, sur le plan inconscient, et les autres ne se sentent pas vraiment déséquilibrés, tout juste titillés.

C'est plus tard, lorsque l'analysant, devenu plus

sage et plus concerné, a cessé de chercher à les entraîner avec lui sur le divan, que parfois tout s'effondre.

En avais-je l'intuition ? J'ai mis des mois, pour ne pas dire des années, à révéler à autrui que j'étais en analyse. Comme je vivais seule, personne ne pouvait surveiller mon emploi du temps et constater la régularité d'horloge de mes rendez-vous tri-hebdomadaires. Pas même l'homme de ma vie puisque je le voyais à des heures fixes, lesquelles, bien entendu, ne recoupaient pas celles de mes séances.

Il m'est difficile de retrouver les raisons qui m'ont fait si longtemps omettre d'avouer que j'étais en traitement, car elles ne tiennent pas à des préjugés. J'étais proche, je l'ai dit, du milieu et de la théorie analytiques. Ce qui était en cause c'était ma fragilité. Je craignais que ceux que j'aimais posent soudain sur moi un « regard changé », qu'ils me dévisagent comme si j'avais commencé à devenir quelqu'un d'autre, qui leur échappait. En somme, je redoutais — je n'avais peur que de ça — qu'ils m'aiment moins !

Et puis qu'aurais-je répondu à des réflexions comme : « Tu perds ton temps », « Tu crois vraiment que ça en vaut la peine ? », « Moi, je m'analyse très bien seul », « Cela doit coûter beaucoup d'argent », etc. Il aurait fallu que j'avoue à quel point je me sentais mal, ce qu'à l'époque je n'ai jamais confié à personne de peur d'aller plus mal encore. A plusieurs reprises, j'ai craint, je l'ai dit, de perdre le contrôle de moi-même, d'être prise d'une panique existentielle conduisant à des actes aberrants, dont le moindre eût été de me rouler par terre en poussant des cris de bête.

46

Longtemps, c'est vrai, ma seule protection a été le silence, tandis qu'à pas hésitants, puis de plus en plus assurés, j'allais « trouver mes mots » chez l'analyste.

Et si j'ai pu, un jour, sortir du silence et parler de ma cure, en premier à l'homme que j'aimais, c'est parce que j'avais commencé à investir une partie de ma force d'amour dans l'analyste lui-même. Je m'étais suffisamment ancrée chez Serge, à la fois dans le travail que nous faisions ensemble, mais aussi dans ce qu'il me donnait de sa personne, sans compter la régularité de nos habitudes de vie, pour pouvoir supporter de désorienter tant soit peu l'homme qui, jusque-là, était mon unique soutien dans l'existence. (Entre-temps, ma mère avait été la victime d'un trouble circulatoire et je ne pouvais plus compter sur elle comme sur une personne solide ; c'était elle qui avait besoin de s'appuyer sur nous. Et comme j'étais divorcée, sans enfants, mon père remarié vivant de son côté, il ne me restait que cet homme.)

Avec le recul, le prétexte que je trouvai pour lui parler de mon analyse m'étonne encore. Moi qui n'avais que très peu le sens de l'argent — c'était un tort, mais on ne me l'avait pas inculqué —, j'entrepris brusquement de faire un budget sur lequel, puisqu'il était plus calé que moi en la matière, je l'avertis par téléphone que je désirais son avis. Il accepta. J'avais noté quelques chiffres sur une feuille de papier et lorsqu'il fut là, je les lui montrai. Après un bref calcul, il me déclara qu'étant donné mes rentrées, mes charges et mes dépenses, je devais m'en tirer. Je pouvais même me permettre d'envisager quelques économies.

C'est alors que j'ajoutai :

— Je ne peux pas, car j'ai d'autres dépenses.

— Tiens, lesquelles ?

— Je fais une psychanalyse.

— Ah !

L'une des forces de cet homme était sa discrétion. Il n'en demandait jamais plus qu'on ne lui en disait. Comme je n'allais pas plus loin, lui-même n'insista pas. Je ne lui révélai même pas le nom de l'analyste en question, qu'il ne devait pas connaître, fût-ce de réputation. Ça n'était pas son domaine. Nous en restâmes là.

Ce qui me frappe aujourd'hui, en évoquant cet épisode, c'est que j'avais, en quelque sorte, mis sur le même plan le fait de faire une analyse et de faire des comptes. Oui, c'est par le biais des « comptes » que j'ai commencé d'avertir que j'étais sur la voie de la métamorphose.

Ça n'était pas mal trouvé — ah ! l'inconscient... — car il était grand temps. Ou plutôt, comme je n'en avais jamais fait de ma vie, c'était ce qui allait me tomber sur la tête, de plus en plus fort et de tous les côtés à la fois !

47

On dit que tout ce qu'on délaisse finit un jour par vous rattraper. Il doit s'agir là d'une loi constitutive de notre être car rien n'est plus vrai. Toutefois, personne ne peut se soucier de tout en même temps, en plus dès le début de son existence !

On privilégie un champ d'activité, on s'y adonne, parfois on y excelle et, pour le reste, on verra bien. J'ai vu.

J'ai raconté comment, à ma première visite chez elle, Maud avait décelé que j'avais un problème avec ma sœur, ce que j'avais aussitôt considéré comme une erreur de sa part. Après tout, Maud ne me connaissait pas et ne pouvait pas savoir que ma sœur et moi étions comme les deux doigts de la main. Élevées ensemble, dans la même chambre, nous livrant aux mêmes activités, vêtues à l'identique, entendant les mêmes mots, partageant le même amour. Chez nous, il n'y avait pas de préférée ni de préférence. Nous étions et devions être en tout traitées exactement pareil. En somme, on nous décrétait « égales » — selon l'idéal démocratique. Or rien, là comme ailleurs, n'était plus contraire à la réalité. Non que l'une de nous fût supérieure à l'autre, simplement nous étions différentes.

Mais comme on nous avait appris, à l'une comme à l'autre, que relever une quelconque différence entre nous eût été attenter à la loi d'amour qui assurait la cohésion familiale, nous n'aurions jamais osé le revendiquer. Ou alors, très sournoisement. Je fis des études de lettres, ma sœur des études scientifiques. Mais nous y avons, toutes les deux, réussi « pareil ».

Longtemps, à nous voir tout partager, les vêtements jusqu'à un âge avancé, les soucis, les chagrins, les joies, les vacances, les tâches familiales, l'entourage pensa que nous étions l'exemple parfait de la fraternité. Et il est vrai que j'adorais ma sœur. Et cela aurait pu continuer comme ça, très heureusement, toute notre existence, si je n'étais pas entrée en analyse.

Car s'il y avait quelqu'un que mon analyse devait mettre en question — et je n'y ai pas du tout pensé sur l'instant —, c'était de toute évidence ma sœur ! Moi, sa jumelle, sa siamoise, je me « taillais », si je puis dire. Sans l'en avertir. En plus sans raison — du moins de son point de vue. Et sans compensation d'aucune sorte.

Je n'entrerai pas dans les détails de cet arrachement, tout ce que je puis dire c'est que ma sœur a commencé à ne plus comprendre. Elle qui me prenait comme j'étais, avec mes qualités et mes défauts, en est arrivée à ne plus me supporter.

Si je parle de cette grave coupure, que rien n'avait laissé prévoir, c'est qu'elle affecte beaucoup de familles longtemps paisibles, la plupart du temps au moment des successions.

A l'occasion de cet événement perturbant qu'est un décès, quelque chose se révèle de la révolte des uns ou des autres de ne pas avoir eu « leur part ». Il s'agit bien entendu de leur part d'amour, mais comme être aimé est de l'ordre du symbole et ne peut se mesurer, à la stupéfaction des témoins, on se rabat sur les meubles et immeubles.

Là, il ne s'agissait pas de succession mais de la retombée la plus cruelle de ma psychanalyse. Ma sœur souffrait énormément de ce qu'elle prenait de ma part comme un abandon, je le compris par la suite. Elle se ressentait comme coupée en deux, mutilée, et comme mon nouveau comportement en était la cause, à ses yeux c'était moi la traîtresse.

Elle m'accusa en particulier de manque d'amour. C'était, sous une forme ou sous une autre, ce qui revenait tout le temps : je n'aimais plus rien ni plus personne, pas même les miens, d'ailleurs je n'avais jamais aimé. Je ne savais même pas ce que c'était.

Ma sœur m'obligea elle aussi, comme l'analyste,

à me mettre aux « comptes ». Les comptes d'amour, les comptes de vie, que ne peuvent s'empêcher de faire continuellement les membres d'une même famille.

A ce propos, il est curieux de constater comme les êtres les plus généreux dans la vie courante tombent dans une avarice sordide dès qu'il s'agit des « comptes familiaux ». C'est que ces comptes-là ne sont pas, ne peuvent pas être réglés équitablement, quoi qu'on fasse. Dès le départ, avant même la naissance, il existe des différences, des inégalités, entre les membres d'une même famille, frères, cousins, etc., des vies réussies, des vies ratées, des plus de ci, des moins de ça. Du moins à partir du moment où l'on reste dans le domaine du réel, de la répartition des avantages et des biens matériels.

Rien que d'être l'aîné peut être considéré, encore de nos jours, comme un privilège. Ou au contraire un désavantage, l'aîné a des charges, envers ses parents, ses frères et sœurs, que n'ont pas les cadets. C'est comme ça, on n'y peut rien et « Ça n'est pas juste ! » devrait être la devise de toutes les familles : en famille, rien n'est juste, rien ne peut l'être.

Ma sœur se sentait peut-être lésée par mon existence, mais moi aussi par la sienne ! A partir du jour de sa naissance, on m'avait élevée au-dessous de mon âge, parce que c'était plus commode de nous « garder » ensemble. De plus, elle avait l'incommensurable bonheur d'avoir une descendance et moi j'étais stérile. N'était-ce pas l'injustice fondamentale, irrévocable, irréparable ? Qu'aucun « plus » d'un genre ou d'un autre ne pourrait jamais compenser ?

En réalité, jusque-là, elle s'était faite à la situation. Les plateaux de ses balances intérieures avaient trouvé le moyen de s'équilibrer, elle m'avait « pardonné » ce que j'avais qu'elle n'avait pas, au nom sans doute de ce qu'elle avait et que je n'avais pas.

Et puis, brusquement, tout fut remis en question. Par l'analyse. Ma sœur eut devant elle un autre être. Si je n'étais pas tout à fait sûre d'avoir changé, j'ai eu la chance que ma sœur me le signifie hautement !

Il fallut instituer une césure entre nous et j'en fus très malheureuse. Soudain, cela m'était bien égal de perdre tous les hommes de ma vie et même de n'en plus avoir aucun, tout ce qui comptait c'était cette part de moi-même que j'appelais ma sœur et dont il me fallait faire mon deuil. Perdre ma sœur, c'était perdre mon enfance, notre amour de naissance, ce que je considérais comme le plus précieux de moi-même.

Ceci est un exemple de ce que peut faire une analyse dans une famille. A chacun de savoir s'il est prêt à en payer le prix, d'autant qu'il ne peut pas savoir à l'avance ce qu'il sera. Où le tissu va craquer. Qui, en plus de lui-même, en fera les frais.

Toutefois, quand on entre en analyse — pour de

bon, car il est de « fausses analyses » qui ne touchent pas à l'essentiel —, c'est généralement parce qu'on ne peut pas faire autrement. Tout ce qu'on peut dire, en guise de consolation, c'est que l'analyse est là, justement, pour vous aider à supporter, sinon à réparer, les dégâts qu'elle provoque.

48

Ces réactions en retour de sa propre cure sur autrui peuvent prendre toutes les formes et on les appelle des « effets d'analyse ». Elles n'ont pas lieu que sur l'entourage. Des gens qui ignorent que j'ai travaillé en analyse — leur inconscient, lui, en est averti — se retrouvent souvent avec moi dans une intimité immédiate, chaleureuse, hostile, c'est selon, mais parfois les deux à la fois.

En voici un exemple.

Une lectrice cherche à me joindre ; mon éditeur tente de la décourager, mais par un subterfuge elle finit par obtenir mon numéro de téléphone. Elle a lu certains de mes livres, me dit-elle, elle les apprécie. Est-ce qu'elle me dérange ?

— Certainement, lui dis-je, on dérange toujours un écrivain. (Il est nécessaire de « caler » tout de suite la situation dans le réel et cela devient un réflexe.) Mais nous allons voir ensemble, que me voulez-vous ?

Elle ne s'attendait pas à ce que ses compliments

sur mes ouvrages me laissent aussi froide. Elle n'avait pas dû, non plus, préparer sa « demande » ; ce qu'elle cherchait, c'était un contact dont elle espérait, je le compris aussitôt, une « transfusion ». De savoir, de pouvoir. En somme, sans avoir encore eu de contact avec moi, elle avait déjà fait un « transfert ». Pour l'instant positif.

— Voilà, j'ai eu comme vous un terrible chagrin d'amour.

— Vous n'êtes pas la seule. (Toujours le réel.)

— Mais vous et moi, je me suis aperçue en vous lisant, nous sommes pareilles.

— Personne n'est pareil.

— Si, si, je vous assure, nous avons les mêmes réactions et puis vos mots sont exactement les miens. Seulement voilà...

— Quoi ?

— Je voudrais écrire ce que j'ai vécu, moi aussi, comme vous.

— Eh bien, allez-y !

— Justement, je n'y arrive pas ! Je me mets devant le papier, et ça ne vient pas.

— Que voulez-vous que j'y fasse ?

— Eh bien, je ne sais pas, me conseiller.

— Pour vous dire quoi ?

— Comment faire !

— Vous voyez bien que nous ne sommes pas pareilles ! Moi je n'ai demandé conseil à personne pour écrire. Et lorsque je me retrouve devant la page blanche, cela vient tout seul. Je suis rentrée chez moi après quelques jours d'hôpital, je l'ai raconté dans l'un de mes livres puisque vous les avez lus, je me suis assise devant une table, n'importe laquelle, et j'ai écrit le roman à peu près d'une traite.

— Pourquoi je n'y arrive pas, moi ?

— Je vais vous dire la vérité : je me suis fait aider, j'ai fait une analyse.

Silence, désorientation, incrédulité au bout du fil. Qu'est-ce qu'une psychanalyse a à voir avec l'écriture ? Est-ce que je me moque d'elle ? J'insiste :

— Vous avez besoin de parler, la preuve : vous m'appelez.

— Mais parler je peux, c'est écrire à quoi je n'arrive pas !

— Eh bien, allez d'abord parler avec quelqu'un dont c'est le métier d'écouter, qui se fait payer pour ça, et vous verrez où ça vous mènera. Peut-être n'aurez-vous plus envie d'écrire. Si vous n'y arrivez pas, c'est peut-être que ça n'est pas votre vocation ni ce que vous désirez vraiment !

— Mais si, j'en ai très envie, je voudrais exorciser mon chagrin par un livre. Je ne vais pas bien du tout, vous savez !

— L'écriture n'exorcise rien, ça n'est pas un acte magique, c'est une passion, comme l'amour. C'est probablement ma plus grande passion.

Je la sens qui se rebiffe, se démarque, prépare sa flèche du Parthes.

— J'ai l'impression que cet homme, au fond,

vous ne l'aimiez pas autant que moi j'aime le mien !

— C'est possible, peut-être que je n'aime, que je n'ai jamais aimé qu'écrire.

Il faut en finir et elle vient de m'indiquer une porte de sortie.

— Ce que je ne comprends pas, ajoute-t-elle, c'est que moi, quand je sens que quelqu'un souffre, j'ai envie de l'aider, tandis que vous...

Elle nous oppose, cela signifie que le transfert se délite, je suis parvenue à ce qu'elle cesse de s'identifier à moi, ce qui serait inutile puisque je ne suis pas analyste et que je ne veux pas la prendre en charge.

— En effet, je n'ai pas pour vocation ni pour mission d'aider les gens un par un, je ne suis pas Françoise Dolto ni sœur Emmanuelle — pour prendre de grands exemples — ; moi, je donne mes livres. C'est tout.

C'est Dolto qui me l'avait dit, quand je me reprochais de n'être pas assez disponible pour aider les gens individuellement : « Tu donnes tes livres, ça suffit, c'est là ton rôle, ta tâche, et c'est un don d'amour. »

A l'époque, elle-même écrivait sans arrêt et elle devait savoir ce que cela lui « coûtait ». D'absence à autrui, en particulier. Nous sommes nombreux à ne pas l'avoir vue autant que nous le désirions, ces années-là. Elle s'occupait de nous dans ce qu'elle allait nous laisser, ses écrits.

Peut-être, à un moment de sa vie, un écrivain ne peut-il faire mieux qu'écrire. Avec, en même temps, le sentiment désespérant que c'est tout ce qu'il peut. Mais au moins qu'il le fasse, qu'on me laisse le faire !

Je suis reconnaissante à ma correspondante d'avoir compris quelque chose de mon besoin de solitude et d'avoir raccroché. A moins que je ne l'aie terriblement déçue, elle ne m'avait pas trouvée telle qu'elle m'espérait : forte de mon pouvoir et de mes certitudes de posséder le moyen de faire du miel avec un désespoir d'amour.

Mais on peut faire du miel avec tout. Ce que m'a donné la psychanalyse, c'est la force d'extraire de l'écriture de ma vie et aussi de supporter de le faire.

C'est si abstrait, si solitaire, l'écriture.

Au moins, en analyse, on est deux. Deux femmes. Deux hommes. Ou alors un homme et une femme.

49

Depuis un moment déjà, je sens que se formule une question, presque un reproche : et le sexe dans cette aventure ? Comment se fait-il que vous n'en ayiez pas encore parlé ?

Personne n'ignore que c'est pour avoir tout ramené au sexe, qu'il appelait la libido (la pulsion de vie, dit Françoise Dolto) et dont il affirmait l'existence même chez les tout petits enfants, que Sigmund Freud s'est fait honnir et traiter d'obsédé.

Et moi, je voudrais faire croire qu'en analyse je n'ai parlé qu'amour, littérature, philosophie et petits oiseaux ! Je compte faire avaler qu'au cours de ma psychanalyse il n'a jamais été question de fesses ?

Bien sûr qu'il en a été question !

Dès les premières séances, avec Christian, puis Serge, j'ai entrepris de raconter ce qui se passait entre mon amant et moi, sur le plan du corps et du plaisir. Comment ç'avait été auparavant, ma satisfaction, mes déceptions, mes fantasmes, les circonstances de la « perte » — pourquoi appellet-on ça perte ? — de ma virginité, mes toutes premières émotions sensuelles, j'avais à peine trois ans et comment je me frottais contre les coins de table.

Mes craintes, aussi, les réprimandes, les punitions, les interdits ! Ne pas se masturber, ne pas se « coller » à une petite amie (tout cela imposé par les adultes sans explication), celle de ne pas coucher avant le mariage, ni de faire l'amour à plusieurs, ça s'appelle d'un vilain mot « partouzer », encore moins avec les animaux. Quoi d'autre encore ?

Mais imaginez-vous monologuant sur le sexe, ce que vous en savez ou croyez en savoir, avec quelqu'un, dans votre dos, qui demeure de glace ! Aucune excitation là-dedans, ça n'est que pesant, laborieux !

De plus, je ressentais que je n'allais nulle part. Du moins, tant que je me suis cantonnée dans l'inventaire de mes connaissances d'autodidacte — je n'ai pas bénéficié de cours d'éducation sexuelle —, puis dans l'énonciation plus ou moins gênée de mes propres expériences en la matière. C'est tout juste si je n'entendais pas l'analyste pianoter d'exaspération sur le bras de son fauteuil, manifestement je ne lui apprenais rien de nouveau sur le sujet ! C'était à croire que je traitais une « question de cours ». (Quand j'ai lu dans les ouvrages de Serge les savants échafaudages érotiques et sexuels auxquels sont parvenus certains de ses patients, des hommes, je me suis trouvée parfaitement bête !)

C'est seulement quand j'ai commencé à m'interroger sur ce que la sexualité représentait pour moi, que ça a commencé à prendre sens. (Et sous le vocable « sexualité » sont englobés la grossesse, l'accouchement.) Quels interdits familiaux, sociaux, j'avais épousés, pour tantôt les respecter, tantôt les transgresser.

Au nom de quoi, c'était ça l'intéressant, est-ce que je m'aventurais à faire justement ce qui était défendu — ou que je considérais comme tel ? Pour le plaisir physique ? Pour complaire à mon partenaire ? Pour tenter quelque chose de nouveau et voir ce qui allait se passer ? Pour faire le « mal » ? Par « pulsion » ? Pour me prouver que j'étais libre et libérée ? Pour imiter les autres ? Pour m'amuser ?

D'ailleurs, est-ce que ça m'amusait vraiment ?

Notre approche de la sexualité est comme le reste : unique, singulière. Mais du fait que l'éducation s'en mêle dès l'apprentissage de la propreté, et même plus tôt, il faut longtemps, plus longtemps qu'on ne pense, avant de se retrouver en ce domaine dans la vérité de son propre désir.

Le « soufflé », si je puis dire, dégonflé.

Pour une fille de ma génération, employer à bon escient et sans rougir le mot con et le mot pénis, c'était déjà avoir parcouru du chemin, mais le plus important restait à faire : mettre dans ma propre vie la sexualité à sa vraie place. C'est-à-dire à une place qui me convenait à moi et éventuellement à mon partenaire. Et pour la trouver, je devais commencer par regarder les choses en face.

Même à notre époque dite de libération sexuelle, les préjugés sont tenaces et le sexe continue de nous choquer. Il n'est, pour s'en convaincre, qu'à lire les ouvrages de Françoise Dolto sur la libido féminine. (Si je cite tant Françoise Dolto, de préférence aux autres analystes, c'est d'abord parce qu'elle a énormément publié, les dernières années de sa vie, sur tous les sujets concernant la psychanalyse, et d'une façon abordable par tous les publics. Chacun peut facilement se référer à ses ouvrages pour y retrouver sa pensée dans son entier. C'est aussi parce qu'elle nous a quittés et que je ne risque plus, en l'évoquant et la mettant en scène, de jeter dans le trouble d'éventuels analysants.) Notre première réaction, devant cet ouvrage qui traite crûment du sexe, c'est d'être étonnées ! Comment, cette dame aux cheveux blancs, d'un certain âge, à la voix magnifiquement policée, qui n'aurait jamais utilisé un mot grossier, ose décrire par le menu tout ce qui peut se passer et se ressentir dans le coït ?

Plus remarquable encore, jamais Françoise Dolto n'est didactique. Elle ne ramène pas l'acte sexuel à l'hygiène, comme s'y emploient certains sexologues qui en ont plus peur que personne. Elle le considère dans sa fonction, comme l'une des façons qu'ont les êtres humains de réaliser l'amour. Au-delà des mots.

Car la sexualité, par nature, échappe au langage.

C'est à la fois ce qu'il reste de plus animal en nous, en relation avec le fameux cerveau reptilien, et ce qui nous rattache au divin. Ceux qui ont eu le bonheur de connaître l'orgasme avec quelqu'un d'aimé en ont fait l'expérience. Dans le silence du cœur.

La grandeur d'une femme comme Dolto est d'être capable de rassurer, fût-ce les enfants nés d'un viol et qui de ce fait se sentent maudits dès le départ, privés d'un couple parental acceptable, en leur disant que même un acte sexuel brutal, sans consentement mutuel, comporte une part d'amour. En tout cas un besoin d'amour, maladroit, exprimé d'une façon criminelle, car dans l'acte du coït, aussi bestial soit-il, il existe un désir, ne fût-il qu'embryonnaire, de fusion avec l'autre.

Discours que nous avons tous besoin d'entendre, même si nos parents s'aimaient au moment de notre conception, tant l'acte sexuel est facilement pris par le tout petit enfant pour un attentat contre sa mère.

Certains homosexuels, qui déclarent n'aimer que le corps de leurs partenaires, cherchent eux aussi quelqu'un à travers la chair anonyme — peut-être la femme interdite —, une figure idéalisée, inaccessible, à l'horizon de leurs ébats. Mais l'élan pour la rejoindre est bien là. Sinon, il n'y aurait pas d'érection.

Chose curieuse, plus l'on prend conscience, en analyse, que ce que l'on quête dans l'acte d'amour, c'est la rencontre avec un autre être, moins faire l'amour devient une nécessité irrépressible. Il y a beaucoup de couples où le mari coche sa femme plusieurs fois par jour sans lui adresser la parole ! J'avais d'ailleurs été douloureusement frappée par la réponse d'une célèbre dame d'un courrier du cœur à une lectrice qui se plaignait de vivre une sorte de supplice sous les assauts trop répétés et toujours muets de son époux : « Mais, madame, de quoi vous plaignez-vous ? Tant de femmes meurent d'envie d'être à votre place ! » C'est ne pas comprendre qu'une activité physique sans mots pour la médiatiser déshumanise et finit par épouvanter.

En analyse, du fait qu'on cherche à transcender le corps pour arriver à la parole, on se rend compte qu'il y a d'autres façons de rencontrer autrui que l'acte de chair. Même s'il en est la manière — pas toujours — la plus facile et la plus délicieuse. La plus fugitive aussi. Chacun a pu comme moi le constater : avoir fait l'amour, quand il n'y a pas eu conception d'enfant, ne laisse au bout du compte ni trace ni souvenir.

Serait-ce là tout ce que j'ai à dire sur le sexe après tant d'années de psychanalyse ? De telles évidences ? Eh bien, oui. La psychanalyse est une méthode pour accéder à la parole, alors que la sexualité se trouve en deçà ou au-delà des mots. En tout cas, elle n'est pas dans le champ du langage. Elle le sous-tend et elle y échappe.

On remarquera d'ailleurs qu'il n'y a pas de « grand » livre érotique, même si la chair est présente dans tous les monuments de la littérature et de la pensée humaine. De la *Bible* à *la Divine Comédie,* de *Madame Bovary* à *la Condition humaine,* le sexe est là. Mais il n'est pas au premier plan. *Histoire d'O,* ce livre érotique écrit par une femme et devenu universel, n'est pas une histoire de sexe mais une histoire d'amour qui nie, méprise et finalement rejette la chair. D'où son prestige.

La chair est quelque chose qui doit être surmonté, si l'on ne veut pas que ce soit elle qui finisse par commander à notre être. Dans la vieillesse et par la mort.

C'est cela qu'on appelle sublimer et je m'aperçus, au fil des mots et des séances, que ce renoncement, qu'on estime déchirant, pouvait se faire tout seul et sans douleur.

Quand on a aimé.

50

J'ai fait allusion à la mort et j'imagine que là aussi on s'interroge : est-il question de la mort en analyse et comment ?

Certes, on en parle beaucoup, peut-être même tout le temps, mais sur le ton de la psychanalyse ! La mort est une possibilité « de vie » parmi d'autres, un choix qu'on peut faire. Ou qui se fera sans nous. De toute façon, la mort c'est le silence, donc la fin de l'analyse. Elle est sans cesse à son horizon — comme à celui de la vie —, mais elle n'y est pas incluse.

Du moins la mort réelle car le sujet essentiel de la psychanalyse c'est la « mort symbolique », le fait qu'on nous a « tués », parfois plusieurs fois, qu'on cherche encore à le faire, que nous y prêtons d'ailleurs la main, ou alors que nous ne sommes pas encore « nés ». (Au cours de mon analyse, j'ai eu les deux problèmes à régler. J'ai découvert que je m'arrangeais pour m'installer dans des situations (d'amour) où, vrai ou faux, on voulait ma mort ;

par ailleurs je me conduisais comme si je n'étais pas vraiment née ! C'est ainsi que j'ai répété, jusqu'à ce que la prise de conscience m'en délivre, le conflit d'amour et de mort qui s'était joué pour moi dans le ventre de ma mère.)

A moins que...

Il y a deux façons de sortir de l'analyse : par une décision prise de façon unilatérale ou commune, ou alors par la mort de l'un ou l'autre des protagonistes.

La mort de l'analyste est une menace qui pèse sur l'analysant, et qui parfois se réalise. Elle peut être catastrophique et certains analystes ont dû recueillir en urgence des analysants dont l'analyste était mort, plus ou moins subitement, au mauvais moment.

Cela ne m'est heureusement pas arrivé. Quand Mme Dolto a disparu, cela faisait déjà un bout de temps que nous n'étions plus dans une relation thérapeutique. Pleurer un ou une amie peut être extrêmement douloureux, cela ne sape pas vos fondations.

C'est l'un des risques — faible — que l'on prend en entrant en analyse : que le psychanalyste meure au cours du traitement. Il y a aussi des mères qui trépassent avant l'accouchement et les fœtus y survivent, mais pas toujours. Cela dépend de leur état d'« avancement ».

Est-ce dire que le psychanalyste devient le corps

de votre mère et que vous êtes à l'intérieur ? A certains moments, oui.

C'est du moins ce que j'ai ressenti. Pour en savoir plus long, qu'on relise *Alice au pays des merveilles.* Disparaître par un trou à la suite d'un lapin géant (l'analyste ?) pour déboucher dans un autre monde (la naissance ?), grandir ou rapetisser après avoir croqué un gâteau (la pomme ?), rencontrer toutes sortes d'animaux ou de choses qui parlent, et même des abstractions qui s'expriment toutes seules, le « sourire sans chat », ramper par des portes minuscules qui ouvrent sur des jardins grandioses, n'est qu'un faible aperçu de ce qui vous attend sur le divan !

Merveilles auxquelles personne d'autre que vous ne peut donner naissance, puisqu'elles vont surgir de votre propre inconscient — lequel ne recèle pas que des cauchemars ! — et dont vous avez peut-être eu dans vos rêves, déjà, quelque sublime vision.

« Tous les hommes ont volé dans leurs songes... », a écrit Gaston Bachelard. Et le peintre Braque : *« L'homme, ce rêveur définitif. »*

En accordant sa juste place à la réalité, la psychanalyse nous ouvre définitivement les portes du rêve.

51

Ce qui caractérise également la psychanalyse, cette science de l'observation et de l'expérience, c'est la logique. Et quand l'analyste prend la parole, c'est le plus souvent pour relever, comme au tribunal, une contradiction dans vos propos. Rien n'est plus agaçant que ce constant rappel à l'univers de la logique ! Ni plus fécond.

On est là pour chercher ensemble à donner un sens cohérent aux événements passés et présents, et si on se laisse entraîner au-delà de la raison, c'est en fait pour en rejoindre une autre, supérieure.

Là où règne le chaos, l'ordre doit advenir. C'est seulement ainsi que notre être morcelé, confus, écartelé, trouvera ce dont il a besoin pour fonctionner normalement : l'unité et l'harmonie.

Tout en nous aspire à l'harmonie et l'on ne peut l'obtenir que par la conformité à des lois semblables à celles qui structurent le langage et l'œuvre d'art. Vivre heureux serait vivre en accord avec une grammaire, une architectonie, un solfège. Autrement dit, la loi.

C'est compter sans la poésie !

On mentionne rarement la poésie quand on évoque la psychanalyse, ni la beauté. Pourtant elles sont là, inexorables, perpétuelles.

Dans la magie du réel.

Dès le départ, et même quand j'en étais encore à me demander si j'allais me « jeter » ou non, j'y étais infiniment sensible. Comme à une voix qui me parlait d'un monde où je ne me trouvais pas, mais qui existait bel et bien et qui ordonnait, coiffait celui-là.

Le maître du langage et de la vérité, je le sais maintenant, c'est la beauté !

Et de cette époque de subversion, il me reste, ancrées en moi, des images de paix — à moins que ce ne soit elles qui m'ancrent dans mon être.

Sur l'instant, je n'ai fait que les laisser me pénétrer par mes cinq sens, remettant à plus tard le soin de les examiner. (Notre vrai « trésor », allais-je découvrir, n'est autre que la somme des images que, riche ou pauvre, nous avons su enregistrer au cours de notre existence. Ce qui explique que la vie la plus humble, la plus près de la terre, soit souvent la plus riche. C'est aussi ce que nous enseigne l'art, dont nous avons tant besoin. Ainsi Van Gogh, selon nos actuels critères, était un miséreux, pourtant, sur le plan de sa richesse intérieure, il était — déjà ! — milliardaire.)

Ainsi, quand je suis arrivée chez Maud, à l'automne 1967, ce qui m'a frappée c'était le noir corbeau de ses cheveux, qu'elle porte en lourde frange sur le front. Avec le blanc laiteux de sa peau, le contraste était étonnant. Sa voix, aussi, me demeure dans l'oreille, ce léger accent belge qui consiste, en fait, en quelques notes musicales supplémentaires que se refuse l'intonation française. C'est plus mélodieux, plus élargi du côté de l'aigu. Et par-dessus son balcon, que je redoutais tant d'approcher, j'entrevoyais la cime des arbres de la place Maillot, dorés par l'automne. Un chat, aussi, me fixait de ses yeux en amande. Pourquoi, devait-il se demander, les humains qui viennent ici dégagent-ils tous cette âcre odeur de peur ? Auraient-ils rencontré quelques trop gros chiens ?

Beauté, aussi, pour me rendre chez Christian, que ce chemin montant jusqu'à la place des États-Unis, qui n'était pas encore grillagée comme la prison de Sing-Sing, ce qui m'aurait effrayée, puisque même aujourd'hui j'en souffre, au point sans doute de me faire changer d'itinéraire. A cette époque, arbres et prairie plantée de rhododendrons s'entrelaçaient avec amitié, tendresse même. De paisibles joueurs de boule, qu'on parle d'interdire, animaient le haut de l'allée sablée, évoquant le midi, le farniente, ce bonheur de vivre dont j'aurais voulu jouir — mais je ne pouvais pas.

Puis c'était la rue Paul-Valéry, qui m'a toujours fait peur, peut-être parce qu'elle recoupe la rue

Lauriston, de sinistre mémoire, et la place Victor-Hugo, où jets d'eau, jeunes gens — de grands lycées sont proches —, *Marquise de Sévigné,* bourgeoisie d'une élégance désuète, forment un rassurant cocktail qui fait sourire. Ensuite je descendais l'avenue Malakoff vers l'avenue Foch et bientôt, dans une petite rue à l'écart, j'étais chez Christian.

L'appartement, aux pièces étroites, était un peu sombre, mais tout illuminé par le regard de cet homme plus jeune que moi. Des yeux bleus, très clairs, d'une ethnie qui pourtant n'était pas nordique mais solaire, méditerranéenne. Christian irradiait la lumière avec cette ombre, cette mélancolie qui n'appartient qu'aux analystes.

Oui, tous les psychanalystes que j'ai connus, tous ceux que je connais, aussi différents soient-ils physiquement, ont une expression commune, particulièrement dans le sourire. D'être en relation permanente avec la partie la plus ténébreuse de l'âme humaine, ils en gardent une mélancolie. Chez Christian-le-lumineux, c'était tout à fait ce « soleil noir » dont fait état une autre analyste, Julia.

Tandis que je lui parle, mon regard s'enchante de glisser sur ce visage où tout frissonne. Je ne dirai pas « s'extériorise », on ne sait pas, je l'ai dit, ce que pense un analyste. On projette : là il est content, apprécie, refuse, réfléchit, s'agace, s'ennuie, va lever la séance... Comme il sait qu'on l'observe, l'étudie scrupuleusement — je parle des séances en face à face —, il se surveille. Ne se permet pas de gestes inutiles ou qui n'auraient pas une signification claire. Ne prend pas de notes. Vous donne son regard.

Un psychanalyste s'offre à son patient, tout le temps que dure la séance, non pas en tant qu'individu, mais comme un représentant de la race humaine qui, pour une fois et durablement, serait bien disposé à votre égard.

C'est cela, à la longue, qui stabilise. Me rassurait. Il y avait devant moi un homme qui pour une fois ne se dérobait pas, ne m'agressait pas, ne me fuyait pas, ne me sautait pas dessus non plus, ne me mentait pas, ne m'assommait pas de ses problèmes au nom de « sa » vérité... C'était une illusion, ça n'allait pas durer !

Cela durait, dura. Des mois. Petit à petit, je me faisais à l'idée que je pouvais m'appuyer sur un homme, qu'il n'allait pas me manquer, comme m'avait manqué mon père dans mon enfance (je ne dis pas que ce fut de sa faute, mais c'était un fait qui m'avait marquée, fragilisée).

Tout cela dans la beauté. Aurais-je repris confiance de la même façon avec un homme qui n'aurait pas été beau ? En réalité, tout homme qui pense, réfléchit, s'intériorise, respecte l'autre, fût-ce une femme, est beau. Freud était beau. Lacan aussi. Christian l'était, l'est, d'une façon encore plus manifeste. Peut-être en souffrait-il. Il me semblait percevoir chez lui une sorte d'effort, de crispation, pour faire oublier à son vis-à-vis sa beauté physique, au profit de celle que nous étions réunis pour chercher ensemble, la beauté de la vérité.

Un être en analyse, croit-on, est absorbé par lui-même, enfoncé dans son discours, s'écoute et n'écoute que lui ! Quelle erreur ! Un être en analyse perçoit tout et même l'invisible.

Reste à savoir ce qu'il en fait.

Moi j'amassais et je commençais d'apprendre ce que Françoise Dolto allait plus tard me formuler : « Tu sais, on n'a pas besoin de posséder, le désir suffit ! C'est ce que je dis aux mères qui ne peuvent pas s'empêcher d'acheter à leur enfant tout ce qu'il remarque dans un magasin. “Maman, tu as vu le camion rouge ? — Il te plaît, bon, tiens, prends-le, on l'achète !” Et l'enfant devient tout triste. Ce qu'il voulait, c'était que sa mère lui dise : “Ah ! oui, tu as raison, il est beau, il est encore mieux que le vert, tu ne trouves pas ? Bon, eh bien, on verra, la prochaine fois peut-être, si on a les sous...” C'est comme ça que s'ouvre pour l'enfant la porte du rêve. Il va y penser, espérer et, pendant qu'il espère, il se développe... »

Je regardais Christian, tout en lui parlant de l'homme que j'aimais et qui me laissait si seule, et, dans le désir (duquel des deux ?), je me développais, m'affermissais.

Chez Serge, ce fut autre chose. Je me souviens de la licorne ! Lorsqu'on est sur un divan, je l'ai dit, on ne voit pas son analyste, on ignore tout de ses expressions — d'où les sempiternelles plaisanteries sur le supposé « sommeil » de l'analyste —, mais on l'entend ! Ce diable d'homme (ou de femme) soupire, passe d'une fesse sur l'autre, froisse du papier, fricote dans une boîte, fabrique on ne sait quoi... Certains analysants s'énervent : « Mais arrêtez donc de faire tant de bruit. Vous vous masturbez ou quoi ? Écoutez-moi, plutôt ! Je vous paie pour ça ! » Quant à moi, j'avais pris le parti d'ignorer cette agitation parfois permanente : Serge ne m'écoute pas, tant pis pour lui !

Toutefois, je baissais un peu la voix, car j'avais remarqué que cela restaurait le silence. Minuscules batailles d'être à être, chacun voulant l'entier du champ, quitte à occuper celui de l'autre, qui vous entraînent à la dureté des affrontements dits réels. Si violents en amour. Sur le divan comme ailleurs, c'est toujours toi ou moi ! Bien difficilement toi et moi. (Je n'ai connu toi et moi, me semble-t-il, qu'avec Dolto, peut-être parce qu'elle était déjà âgée, à la retraite, ou parce que c'était une femme, ou parce que je l'aimais « pour de bon », et pas seulement dans le transfert...)

L'espace fauteuil/divan, qui paraît au début un lieu retiré, clos, pacifique, où l'on se trouve en totale sécurité, pour une fois, en somme hors du monde, en est en fait la réduction, un microcosme. On y rencontre tout ce qui fait du mal, effraie, désespère, fait jouir, enchante dans ce que nous nommons le « monde extérieur » ou la « réalité ».

Sauf qu'il s'agit d'une maquette, d'une sorte de

faux-semblant, ce qui signifie que ce que nous dirons ou ferons là n'aura pas de conséquences « vraies ». Cela doit seulement servir à nous faire prendre conscience des conflits en jeu, de notre capacité d'y faire face, et par là même de progresser, avancer.

L'analyse, en effet, repose sur ce mécanisme qui fait que lorsqu'on a pris conscience d'une chose, qu'on a pu la mettre en mots, c'est comme une mue : elle tombe de nous, devient du passé, ne nous affecte plus de la même façon. On peut le dire autrement : on en fait son deuil.

Du jour où j'ai su, par exemple, que ma mère avait probablement songé à m'avorter, cela ne m'a plus travaillée de l'intérieur comme lorsque je n'en avais pas conscience. C'était fini. Dépassé. Sans que j'aie rien eu d'autre à faire que de l'avoir découvert et dit « en analyse ».

Il m'est arrivé de parler avec des amis analystes d'un rêve que j'avais fait, d'un événement, grand ou petit, qui venait de m'advenir, d'un sentiment que j'avais. S'ils jugeaient la chose révélatrice, ils me disaient : « Tu devrais dire ça en séance. »

Ils savent — et il faut l'avoir éprouvé dans son corps pour le savoir aussi — que ce qui est dit dans l'espace analytique prend un sens et une place inaccessibles autrement.

Ça n'est pas juste pour qui n'en bénéficie pas, mais c'est ainsi... Vous connaissez l'expression : « Il faut payer pour savoir ! » En analyse, justement, on paie.

Puisque je ne pouvais pas voir Serge installé dans mon dos et bourdonnant parfois comme une abeille (qui fait son miel), je considérais les objets sous mes yeux. Tous les analysants connaissent par cœur, un tableau, ou un coin de tableau, ou une moulure du plafond, ou une tache sur le mur, ou la frange d'une tapisserie, ou la curieuse fente que fait cette frange qui prend, au cours des séances, des significations différentes : fenêtre, coupure, guillotine, visage, diable, bête, que sais-je...

Quelque chose de l'attention se fixe d'une façon scopique et élective sur un point ou un autre de ce qui est dans notre champ de vision d'allongé(e) — il m'arrivait aussi de regarder mes mains, ma bague —, cela libère l'esprit.

A certains moments je fermais les yeux si fort que j'en avais mal aux paupières ! Et je me disais : qu'y a-t-il que je ne veux pas voir ? Ou au contraire : qu'est-ce que j'essaie non sans mal d'apercevoir ?

On n'a pas forcément la réponse, ce qui est important c'est cette prise en compte de soi-même. Tout le monde n'a pas appris à observer ce qu'il fixe, ce qu'il fait, s'il ferme ou non les yeux, s'il soupire, si ses intestins roucoulent, son estomac grogne — langage du corps quasi permanent sur le divan — et c'est toute une éducation.

Il ne m'était pas indifférent que ce qui se trouvait alors exposé à mon regard fût beau. Serge le faisait-il exprès d'enchanter ses analysants par le portrait de la Licorne sans sa Dame ou cet affichage était-il d'abord pour son plaisir ? Les analystes, Freud le premier, grand collectionneur de statues grecques, ne peuvent qu'être ultra sensibles à cette forme d'expression de l'inconscient qu'est l'art.

Sinon, ils ne sont pas analystes.

Chez Françoise, plus tard, ce fut autre chose. L'œuvre d'art, c'était elle tout entière. La finesse translucide de son épiderme, l'auréole de ses légers cheveux blancs contrastant avec ce visage si jeune, sans une ride, la façon gracieuse de croiser uniquement ses pieds. Ses mains, faites pour l'action — elle aimait « faire », dessiner, soigner les plantes, sa maison —, tenues bien immobiles, au repos sur ses genoux. Ou alors l'une sur l'accoudoir de son fauteuil, l'autre sous son menton, comme si elle posait pour son portrait.

Que c'était beau.

J'ai tout enregistré. Il y avait constamment, près d'elle, un bouquet de fleurs fraîches, ou alors une plante, azalée, bégonia double, rosier grimpant. Derrière elle, par la fenêtre, un morceau de ciel, des arbres, tantôt dépouillés, en feuilles, en fleurs, en bourgeons.

Ses vêtements aussi m'enchantaient par leur délicate élégance, je ne les ai connus qu'à elle, avec cette touche de féminité supplémentaire, un collier, une chaîne, le tout léger, bien choisi, aimé aussi.

« Notre ami le corps », disait-elle, elle savait

aimer le sien, son apparence, sans narcissisme, juste comme il faut pour nous faire du bien, à nous qui la regardions.

Oui, rien que de contempler cette femme me remettait dans le sens de la vie (et de la bonne mort qui en fait partie), me donnait des forces, mes forces et leur plein emploi.

Indépendamment de ce que nous disions.

Je ne parle pas de son regard. Le regard de Françoise Dolto, pour ceux qui l'ont connue en face à face, continue et continuera indéfiniment de les accompagner. Les soutenir. Un regard qui voyait naturellement l'invisible et l'au-delà.

Puisque quelqu'un peut voir « l'au-delà », qu'on en a la preuve sous les yeux, c'est donc qu'il existe ! Et c'est cela qui était bon, pour tous ces Thomas que nous sommes, d'en avoir la preuve tangible, aussi tangible que peut l'être un regard.

52

Ces derniers mois, à la question que me posaient des personnes que je n'avais pas vues depuis quelque temps : « Alors, ça va, qu'écrivez-vous, en ce moment ? », je répondais : « Un essai sur la psychanalyse. »

Devant le silence légèrement réprobateur, en tout cas étonné — de quoi prétendais-je me mêler ? —, j'ajoutais pour éclairer les lanternes : « Je raconte ma propre cure. Dans la mesure où j'arrive à la reconstituer. Vous savez, en analyse, on travaille sur l'inconscient... Alors, ça vous échappe... »

C'était trop en dire. Ou pas assez.

Je sentais se creuser un « trou » chez mon interlocuteur. Comme la plupart, il ne savait pas que j'avais été en analyse, alors pourquoi est-ce que j'en parlais ? N'est-ce pas mieux de le taire ? Cela jette un froid, instaure une gêne, la preuve, mon vis-à-vis est troublé. Il se dit qu'il aurait mieux fait de ne pas me poser cette question, ou alors moi de ne pas y répondre ! Après tout, s'il m'a demandé ce que j'écrivais, c'était par politesse, comme on parle du temps ou des enfants ! Et voilà que je réponds « vrai », trop vrai.

Parler vrai, je ne le fais pas pour déstabiliser : je ne peux pas faire autrement. Dire au plus près ce que je ressens est devenu chez moi une seconde nature. Il me semble que si j'y renonçais, je perdrais à la fois du temps et du terrain.

Pour prendre une comparaison sportive, je me sens comme un joueur de tennis qui a pris pour règle de courir après toutes les balles, même celles qu'il sait perdues d'avance. S'il cesse sur une seule, son jeu se dérègle. Moi aussi, si je renonce à dire la vérité même à des gens qui n'en ont rien à faire, ma *stamina,* mon élan vital, m'abandonne et je m'en aperçois dès que je suis de retour devant la page blanche.

Une fois de plus, je pense à Françoise Dolto, avec qui il m'est arrivé de cohabiter. Elle était incapable de dire quoi que ce soit d'indifférent, comme nous le faisons tous quand nous voulons écarter un interlocuteur comme on chasse une mouche, afin de revenir à nos préoccupations jugées essentielles.

L'essentiel, pour cette femme, c'était son rapport instantané avec quelqu'un qui lui adressait la parole. Il fallait qu'il soit le plus juste, le plus vrai possible, au plus près de son ressenti.

Si tout le monde était comme ça, il ne faudrait pas beaucoup de temps pour que la planète soit un autre univers ! Tout le monde attelé à la constitution d'une société centrée sur le développement de chacun, et non plus sur l'accumulation du pouvoir individuel. (Lequel exige l'élimination d'autrui, des plantes, des animaux, finalement de soi.)

Même après tant d'années de psychanalyse, je ne suis pas comme elle. Et je ne le serai jamais, j'ai pris trop de mauvaises habitudes, j'ai encore trop peur. Tout ce que je peux faire c'est comprendre que là est l'espoir et, de temps à autre, me risquer. Aventurer ma vérité. Comme maintenant.

C'est un curieux sentiment : on se rapproche du meilleur de soi et de ce fait même on s'éloigne d'autrui. Comme si la règle du jeu, celle sur laquelle nous nous accordons tous, qui nous rend tous complices, c'était de ne rien dire de trop vrai !

D'entretenir un aimable statu quo. Fût-il meurtrier. Nous détestons tous, même si nous prétendons parfois le contraire, ceux par qui le scandale arrive, ceux qui se donnent pour mission de dénoncer le mal. Moi aussi, je préfère la paix, l'inconscience, ma sérénité. Me boucher les yeux et les oreilles pour rêver à mon aise, dans une bonne entente superficielle avec tout le monde. J'aime être honorée par mes voisins, louée par les journalistes, respectée par le facteur et quelques autres fonctionnaires.

Pour cela, il ne faut pas avouer publiquement qu'on a fait une psychanalyse. Voilà la sagesse.

Seulement, il y a la souffrance, la mienne, celle

d'autrui, et la souffrance est un scandale qui n'épargne aucun d'entre nous. Je suis allée en analyse parce que j'allais mal, or beaucoup de gens autour de moi vont mal. Plus ou moins, selon les périodes.

Je le vois à leurs yeux, je l'entends dans leur parole. Ils ne savent pas quoi faire. Il n'y a pas grand-chose à faire. C'est trop facile de leur dire, comme je m'y résouds parfois : « Allez parler à quelqu'un dont c'est le métier. »

Pour commencer, y a-t-il assez de gens formés, en trouve-t-on partout ?

Il faut en convenir : pouvoir faire une analyse avec quelqu'un de compétent est un grand privilège que nous réserve notre société. Sur le reste de la planète, les psychanalystes sont persécutés, ils l'ont été par Hitler (Sigmund Freud n'a dû son salut qu'à la fuite, Bruno Bettelheim s'est retrouvé un temps dans un camp de concentration), également en Argentine, au Chili, ils le sont encore dans tous les pays de l'Est, ou alors ils n'existent pas du tout, comme en Chine et dans les contrées soumises à l'islam. Là où les superstitions, les fanatismes triomphent de la raison et de sa fille, la science.

Nous constatons tous les jours la montée accrue de la violence.

La peur fait à nouveau son apparition, même dans notre civilisation qu'on pensait tellement en avance sur toutes les autres. Des croyances qu'on avait jugées dépassées, comme le racisme, la haine, le chauvinisme, le fanatisme religieux et idéologique, le goût de la mort, ont à nouveau des adeptes. Des gens terrorisés qui voudraient la « paix » s'imaginent pouvoir la trouver dans le refus d'entendre et dans l'enfermement en eux-mêmes.

Moi aussi j'ai cru longtemps qu'il fallait se cloîtrer et ne rien dire. Jusqu'au jour où j'ai explosé malgré moi. Or la seule façon de ne pas se transformer en machine à vapeur qui accumule de la pression jusqu'à la catastrophe, c'est de parler.

De laisser fonctionner la soupape de la parole vraie.

Pour cela, il faut commencer par se trouver avec quelqu'un dont c'est le métier d'écouter et qui, pour avoir déjà fait le trajet, vous aide à vous retrouver face à vous-même.

Peu à peu, on acquiert la force de laisser venir la vérité qui est en soi. A partir de ce moment-là, à notre stupéfaction, la solitude d'autrui vient à la rencontre de la nôtre.

Quelque chose se dénoue dans l'être social.

Et ne demande qu'à essaimer.

C'est pour une grande part de l'utopie, je sais. Nous en avons longuement parlé avec Serge, quand nous sommes devenus amis, après l'analyse. Nous avions envie de faire un livre commun sur l'effet que pourrait avoir la psychanalyse sur l'ensemble du corps social. J'ai une grande quantité de cassettes dans lesquelles l'analyste répond à mes questions, elles sont enregistrées et non décryptées, car nous y avons renoncé. C'est trop tôt, ce ne serait ni compris ni perçu.

Françoise Dolto me disait avec inquiétude en regardant avec moi les actualités à la télévision : « Que crois-tu qu'il va se passer ? » Je lui répondais : « Je n'en sais rien !

— Bon, eh bien il faut que j'aille me coucher. Je dois me lever très tôt demain pour aller à ma consultation de l'hôpital Trousseau. »

Puisqu'elle ne pouvait rien faire sur le plan général, elle concentrait ses forces pour s'occuper des enfants que la société, à travers leurs parents, avait rendus si malades. Un par un, cas par cas. C'était magnifique et aussi terrible. Ne peut-on, de nos jours, que cultiver son propre jardin ? Aller, en égoïste, faire sa propre psychanalyse ?

L'histoire de mon traitement et de mon « retour au bonheur » est avant tout une histoire personnelle. Mais si elle peut avoir une portée générale, c'est que nous sommes tous uniques, singuliers, tous des individus semblables à nul autre et que nous aurions tous besoin d'une écoute spéciale. Pour être reconnus dans ce que nous sommes et pour ce que nous sommes, des merveilles de l'univers, des êtres sans équivalent dans le cosmos et de ce fait extraordinaires. Des êtres naturellement moraux, désireux de laisser s'épanouir ces vertus que nous portons en nous depuis notre naissance : l'intelligence, la force et la sagesse.

Il suffirait qu'on nous y aide un peu. Que le milieu s'y prête.

La psychanalyse — quel luxe ! — permet de créer artificiellement un « milieu » dans lequel l'être humain, ce mammifère venu au monde prématurément, peut prendre le temps de se développer, fût-ce avec retard, pour donner le meilleur de lui-même.

Il y a toutes les raisons de penser qu'il le mettra par la suite au service des autres. Comme le font déjà ces hommes et ces femmes qui sont parvenus à se libérer sans aide, sans ce « cours de rattrapage » particulier qu'est une analyse, du plus gros de leur peur, de la terreur des autres et de la vie, pour aider l'humanité à se sortir du mal. Qu'il s'agisse de la maladie, de la famine, de l'ignorance ou de la violence.

Ce sont eux qui nous donnent le courage de continuer à exister. Et la force de parler.

53

Si tout se révèle aussi simple, aussi idyllique que je le décris, alors pourquoi une cure dure-t-elle aussi longtemps ? Pourquoi faut-il des années pour « guérir », quand il n'arrive pas, avec arrêts, reprises, que cela dépasse la décade ? Et plus encore dans des cas rebelles ?

Je pense avoir assez dit que si c'est la souffrance qui vous fait entrer en analyse, c'est elle aussi — une fois les premiers secours accordés — qui vous contraint à demeurer à sa surface.

On redoute trop de se retrouver dans la situation du traumatisme initial, c'est-à-dire — fût-ce d'une façon fictive — de reproduire les circonstances qui nous ont fait tant de mal et d'éprouver à nouveau la douleur qu'à l'époque on n'a pas su ou pas pu maîtriser. On se « défend » de toute son énergie contre cette résurrection de l'intolérable et l'analyse n'est qu'une longue lutte, tissée d'embûches, de ruses, de progressions, de durcissements subits, alternant avec d'interminables retours en arrière, pour passer outre à ces défenses.

Comment l'analyste parvient à ce que cèdent peu à peu les résistances de l'analysant n'est pas de mon ressort, mais du sien.

Toutefois, ce que je peux dire, c'est que parmi les motifs de résistance, en tout à fait bonne place aux côtés de la souffrance, on trouve également le plaisir ! La jouissance ! Et il faut apprendre à compter avec.

L'état névrotique procure sans conteste ce qu'on appelle des « bénéfices secondaires », des avantages de toutes sortes et de toute nature auxquels le patient n'a pas l'intention de renoncer. Certes, il souhaite ne plus souffrir, aller le mieux possible, dans une plus grande vérité, en même temps, il désire persister comme avant ! Continuer à bénéficier d'une situation où il a pris le pli, avec l'aide et la complicité de son entourage, de ne pas être entièrement autonome ni responsable de lui-même, ce qui lui permet d'esquiver en partie les devoirs de la socialisation.

Ainsi, un adulte soumis à l'image d'un père ou d'une mère redoutables vit dans la terreur, certes, mais aussi dans la sécurité. A tout instant, qu'il y obéisse ou non, il sait ce qu'il a à faire. Il sent perpétuellement au-dessus de lui la Loi de l'autre — comme les croyants les commandements de Dieu — et c'est tellement plus pratique que la liberté !

Être sous influence, fanatisé, facilite la vie — et la mort — et l'on peut considérer cette simplification comme un « bénéfice secondaire ».

Il en est bien d'autres : une femme adulte qui « fait l'enfant » continue à être choyée, entretenue comme la toute petite fille qu'elle n'est plus. Quelqu'un qui souffre de la phobie de la foule a une excuse pour ne plus l'affronter, ce qui lui permet de demeurer tranquillement chez lui, de s'épargner certaines corvées, ou alors d'être toujours accompagné.

Bien sûr, l'équilibre entre les inconvénients que vous attirent les limitations imposées par la névrose et les avantages d'être pris en charge est délicat à maintenir.

Mais les névrosés, en lutte depuis si longtemps, parfois depuis toujours, avec leurs conflits, sont devenus extrêmement « malins ». La névrose, ce système d'adaptation relative, est en elle-même une preuve d'intelligence. Une œuvre d'art, constatait Freud. François Jacob dirait un « bricolage ». L'être en souffrance a bricolé une sorte d'appareillage qui lui permet de survivre sans être complètement dans la réalité. Il vit dans l'entre-deux, avec du bon et du mauvais.

S'il n'aime pas trop le mauvais, il adore le bon. C'est lui faire renoncer au bon qui va être difficile.

Tant que je me conduisais en jeune femme personnelle, pour ne pas dire totalement égoïste, capricieuse, exigeante, coquette, qui voulait l'amour absolu ou alors, non merci, rien du tout, j'avais une ribambelle de soupirants après moi.

A partir du moment où j'ai commencé à voir les choses plus sainement, à me prendre en charge, à faire l'effort d'assurer ma propre subsistance, à prendre conscience de l'existence d'autrui et à tenter d'avoir avec lui des relations fondées sur un véritable échange, ce fut magique : la plupart des hommes se sont éclipsés !

Je l'ai regretté, bien sûr, c'est très agréable de jouir d'une cour masculine, mais quelque chose en moi de plus sensé sentait parfaitement que ce jeu ne pouvait conduire qu'à des malentendus et du gâchis. Et avec le temps, à la vraie solitude. Celle qui accable beaucoup de stars tant aimées et tant fêtées, une fois venue l'heure de vérité.

En suis-je arrivée à considérer la psychanalyse comme une sorte d'« assurance vieillesse » ? En prenant le parti de renoncer de moi-même à la série d'illusions que représentaient mes « bénéfices secondaires », comme ceux de la séduction, du refus de coexister, ou alors de la dépendance, qu'elle soit affective ou financière, je me suis — à ce que j'espère — prémunie contre l'inévitable dépouillement qu'inflige le temps. C'est ce que les analystes, dans leur jargon, appellent la « castration » : elle peut être volontaire ou alors involontaire, telle une mutilation physique. Si on parvient à la dépasser — en langage analytique on dit : la « sublimer » — on reçoit plus que ce qu'on a perdu.

Un bonheur d'être là, vivant parmi les vivants, s'installe et peut survivre à ce « naufrage » de la vieillesse que stigmatisait François Mauriac.

Mais qu'il est dur de voir disparaître ces dérivés de sa propre névrose qui ont l'apparence, parfois la réalité, des charmes de l'existence ! (Les alcooliques, les boulimiques, les fumeurs, les don juans et les nymphomanes, entre tant d'autres, savent de quoi je parle.)

C'est désagréable d'avoir de l'urticaire, mais c'est si bon de se gratter !

54

Alors, ai-je eu raison de faire une psychanalyse ? Le travail analytique est-il vraiment la solution pour se sentir un peu mieux — jamais totalement bien — dans sa propre vie ?

Je voudrais répondre oui sans hésitation pour ôter le doute à ceux qui m'ont suivie jusque-là et qui, chacun à leur façon, éprouvent le besoin d'une aide, d'un changement ou de plus de vérité.

S'il s'agissait de recommander un traitement médical d'un ordre ou d'un autre par où je serais passée, je me sentirais habilitée à dire : « Il y a des risques, on peut les chiffrer à tant pour cent, des avantages, des inconvénients, des souffrances spécifiques à endurer, les voici. A vous de savoir si vous désirez les affronter ou non. »

Seulement la psychanalyse n'est pas un traitement comme les autres. Je me demande même s'il faut utiliser le mot « traitement » ou alors dans le sens où on dit « traitement de texte », en langage d'ordinateur, pour indiquer que c'est avant tout un travail. Un travail qu'on accomplit sur soi-même, avec l'aide et le guidage autorisé d'un autre.

Ce traitement, on peut l'ébaucher, l'esquiver (tout en le poursuivant pendant des années), l'interrompre à tout moment sous prétexte que ça suffit comme ça — ce qui ne veut pas dire qu'il n'aura pas agi — et ne plus jamais vouloir en entendre parler. On a aussi le droit d'en bénéficier tout en en disant pis que pendre. On est libre.

Pour moi, je ne peux que transmettre ma propre expérience : au moment où je suis entrée en analyse, je n'ai pas eu le choix. Quand je dis que le sol se dérobait sous mes pieds, en fait c'était ma vie tout entière qui partait en charpie. Je ne comprenais plus rien à ce que je voulais.

Personne autour de moi n'y comprenait rien non plus. Car tout était fondé sur un mensonge, ou plus exactement un déni, un refus de la vérité : je ne voulais pas admettre — c'était trop douloureux, trop humiliant aussi — que je souffrais infiniment de ne pas pouvoir avoir d'enfants. (Avec les progrès chirurgicaux, à dix ans près, ce problème-là n'aurait pas existé, mais c'était le destin.)

Dans certaines sociétés primitives, par des moyens parfois radicaux on exclut les femmes stériles de la communauté (ou alors on en fait des reines, comme nos actrices, des sorcières ou des magiciennes). Dans nos sociétés, l'exclusion est plus subtile.

Or je suis ainsi faite — tout le monde n'est pas comme moi — que pour pouvoir accepter quelque chose, j'ai besoin de le comprendre. L'analyser. Je mets tant d'énergie à nier le mal qu'on me fait, que je me fais ou que je fais à autrui (cela vient de mon enfance, je l'ai dit), qu'il m'en faut encore plus pour enfin le reconnaître !

Il m'a fallu ce long travail sur moi avec des analystes qui eux non plus n'ont pas immédiatement vu ni compris que c'était dans cette chose toute simple, ma stérilité, que j'étais emberlificotée. Je paraissais si loin de ça, avoir si bien compensé ! Qu'est-ce que c'est que faire des enfants, disais-je avec une désarmante bonne foi et un air de parfaite lucidité, à quoi bon se reproduire ? N'importe quelle femelle animale y parvient comme on claque dans ses doigts.

Seulement voilà : pas moi.

J'étais à part, en exil. Se sentir à part ressemble à un privilège. On est un être d'exception, on n'a pas les mêmes droits ni les mêmes devoirs que les autres. Cela a quelque chose de jouissif, de délicieux... (les fameux bénéfices secondaires !). J'avais plus de temps et d'argent que les autres femmes pour m'occuper de ma personne, je pouvais faire plus de choses, écrire, par exemple, voyager, m'offrir des liaisons sans importance. En principe.

En réalité, je n'en profitais pas, je souffrais trop ! Tout restait du domaine du potentiel, de l'hypothèse.

Ce que m'a finalement permis l'analyse, c'est

d'arriver à profiter de ce que je possédais au lieu de me lamenter sur ce que je n'avais pas.

Il faut bien en voir les limites : la psychanalyse ne m'a pas rendue féconde. (Bien que cela arrive avec certaines femmes, dans des circonstances où la médecine déclarait forfait, tant le pouvoir de l'esprit sur le corps est plus puissant qu'on ne le reconnaît.)

Elle m'a seulement permis — « permettre » est le mot juste — de m'en apercevoir. L'avouer, le dire à autrui.

Je n'y arrivais pas.

— Vous avez dû souffrir de ne pas avoir d'enfants ?

— Moi ? Non ? Pourquoi ? Il y a tellement de choses passionnantes à faire dans la vie...

Encore faut-il pouvoir les faire ! Ne pas être claustrée en soi-même, sans désir, sans énergie. A ressasser ses frustrations. Un jour de chagrin, je me souviens d'avoir écrit un long texte à « mon fils invisible », celui qui n'était pas né, ne naîtrait jamais, et qui pourtant, je voulais le croire, m'accompagnait ! Ce fantasme aussi mérite analyse, mais comme j'ai conscience que c'en est un, il ne me lèse plus.

Oui, maintenant que je sais qu'il y a des joies que je ne connaîtrai jamais, que je n'ai pu que rêver, je peux m'accorder de « faire autre chose ».

Je suis plus douce avec moi-même, moins exigeante. (« Je me demande d'où vous vient votre exigence ? » m'avait une fois demandé Serge ; elle venait de cette fureur contre moi qui n'avais pas été capable d'avoir des enfants). Je m'occupe mieux « de la petite », comme m'y a enjoint Françoise Dolto. (Elle entendait l'enfant en moi.)

Et c'est pour arriver à dénouer ces nœuds si serrés que je commençais à étouffer, à ne plus pouvoir absorber d'air, que j'ai dû passer par la psychanalyse.

D'autres personnes, hommes ou femmes, partiront en mer, escaladeront des montagnes, adopteront un ou des quantités d'enfants, s'escrimeront à gagner de l'argent. L'analyse n'est qu'une des méthodes qui peuvent nous aider à surmonter certaines de nos difficultés de vivre.

Si elle me plaît particulièrement c'est qu'elle s'accomplit avec discrétion. J'allais dire dans le silence, bien qu'on y parle beaucoup ! Et aussi, surtout, qu'elle vous ramène à votre enfance.

J'intitule cette confession : le retour du bonheur. J'entends par-là le retour à l'enfance. Cela n'est pas seulement que j'ai revécu mon enfance sur le divan, c'est que je l'ai libérée et maintenant elle est avec moi tout le temps. Quand je suis dans le jardin, je retrouve les plantes, les arbres, les fleurs de mon enfance et je n'hésite pas à leur parler. Avec les animaux aussi, j'ai cette intimité qu'ont d'emblée les enfants.

Enfin cela m'a rapprochée des gens. C'est toujours difficile, si délicat, si fragile, l'approche d'autrui, froissé pour un rien ! Toutefois, dès que je suis en face de quelqu'un, quels que soient son âge ou sa fonction, c'est à l'enfant en lui que je m'adresse avec confiance et je sais qu'il va me répondre. Il est parfois un peu surpris, puis cela se dénoue !

Nous trouvons des « jeux ». A l'âge adulte, les jeux sont surtout des jeux de langage, on parle avec plus de gaieté, d'humour, de liberté, de drôlerie, d'émotion, de sagesse. Souvent les gens me disent : « Ce que je me sens proche de vous ! » Moi, la « femme en exil », m'entendre dire ça ! Quel bonheur !

Toute différence de milieu, d'éducation, abolie, ils me confient sur-le-champ le meilleur d'eux-mêmes. Leurs craintes, aussi. C'est que nous nous retrouvons liés par nos enfances respectives, l'enfant en nous peut à nouveau donner libre cours à son émerveillement, sa joie d'exister, son envie d'aimer tout le monde. Et son besoin d'être rassuré par son prochain.

A ce moment-là, tout s'allège, des deux côtés.

C'est en cela que peut consister le bonheur et il nous attend derrière l'une des portes de notre être. Pendant des années, j'ai fait toujours le même rêve, que je confiais à l'analyste sans arriver à l'interpréter : soudain, dans mon appartement ou une maison, je poussais une porte qui m'était familière pour m'apercevoir qu'elle ouvrait sur un jardin, qui s'étendait à l'infini ! Alors je me disais : « Mais je l'avais toujours su que ce jardin était là ! » Sous-entendu : pourquoi ai-je attendu si longtemps pour y pénétrer ? Pour devenir qui je suis ?

L'analyse travaille à sa façon sur les portes et serrures, on essaie l'une après l'autre toutes les clés de l'énorme trousseau, semblable à celui des geôliers, qui s'alourdit d'année en année à notre ceinture (les clés des « non-dits »), pour s'apercevoir qu'on se donne un mal bien inutile, il suffisait de pousser la porte, elle était ouverte...

On n'y avait pas pensé, ou alors on avait peur ! J'ai eu si peur ! De quoi ? Je crois que c'était de rien.

Du bonheur, peut-être.

Cet ouvrage a été réalisé par la
SOCIÉTÉ NOUVELLE FIRMIN-DIDOT
Mesnil-sur-l'Estrée
pour le compte des Éditions Fayard
en septembre 1990

*Composition réalisée
par C.M.L., Montrouge.*

Imprimé en France
Dépôt légal : octobre 1990
N° d'édition : 9357 – N° d'impression : 15811
35-57-8380-01
ISBN 2-213-02608-4

35-8380-4